500
bieren

Zak Avery

500 bieren

een praktische en makkelijk leesbare gids over de wereld van bier

Veltman Uitgevers

Oorspronkelijke titel: 500 Beers

© 2009 Quintet Publishing Limited
Ontwerp: Rod Teasdale, Zoe White
Fotografie: Martin Norris
Artdirection: Michael Charles

Nederlandstalige uitgave:
© 2010 Veltman Uitgevers, Utrecht
Vertaling: Claudia Dispa/Vitataal
Redactie en productie: Vitataal, Feerwerd
Omslagontwerp: Ton Wienbelt, Den Haag
Opmaak: De ZrlJ, Utrecht

ISBN 978 90 483 0264 2

6e druk 2016

Alle rechten voorbehouden.

Voor meer informatie: www.veltman-uitgevers.nl

inhoud

inleiding	6
woordenlijst	12
water, mout, hop & gist	20
kiezen, bewaren & serveren	42
lagerbier – wereldwijd bekend	60
engelse ale, brits bier	100
tarwebier	140
wild & fruitig	152
beroemde belgen	166
IPA	178
trappisten- & abdijbieren	196
barley wine & old ale	220
porter & stout	232
curiositeiten & specialiteiten	258
register & dankwoord	280

inleiding

De wereld van het bier is er een van vreemde en heerlijke brouwsels. Ik drink ze nu zo'n 25 jaar, en door simpelweg te letten op wat er in mijn glas zit en door veel variatie groeide mijn begrip van en het genoegen dat ik beleef aan deze heerlijke en ogenschijnlijk eenvoudige drank: bier. Een doodgewone dagelijkse drank waar je nauwelijks bij stilstaat. Toch heeft bier een indrukwekkende stamboom.

Bier is een van 's werelds oudste gefabriceerde dranken. Waarschijnlijk werd het al vanaf 6000 jaar v.Chr. in Soemerië en Babylonië gebrouwen. Uiteraard waren de brouwtechnieken toen heel anders dan nu – een graanpap bleef misschien per ongeluk in de zon staan en vergistte (fermenteerde) – hoewel er in Egyptische tomben een soort bierrecept uit circa 2500 v.Chr. is gevonden. Het is dus waar dat bier zo oud is als de beschaving. Sterker nog: zonder het steriliseren van water (door het te koken) om bier te kunnen maken, zou de hele beschaving misschien niet eens meer bestaan!

Dit boek is een ode aan de beschavende invloed en aan de verscheidenheid aan smaken, aroma's en kleuren van bier. De 500 bieren in dit boek zijn niet per se de 500 beste, zeldzaamste of sterkste. Natuurlijk zitten er volop sterke, uiterst zeldzame en (naar mijn mening) erg lekkere bieren tussen, maar ook bieren die in hun omgeving zo gewoon zijn dat ze min of meer onzichtbaar zijn geworden. Een hernieuwde onbevooroordeelde kennismaking kan zeer

de moeite waard zijn en sommige bieren zijn kleinschalige klassiekers. Dit boek pretendeert geen volledig overzicht te geven van alle bestaande bieren, maar is meer een dwarsdoorsnede – een gebruikersgids voor de wereld van het bier.

Tijdens het doorbladeren van dit boek zult u merken dat de bieren gaandeweg sterker en krachtiger van smaak worden. Met kleur en sterkte kun je eenvoudig een smaakindicatie geven van een bier. Tegen het einde van dit boek bent u min of meer een volleerd bierkenner. Als u een bier ziet dat u kent, kunt u ervan uitgaan dat de bieren op die bladzijde en op de tegenoverliggende overwegend dezelfde stijl hebben. Ze zijn niet precies hetzelfde, maar ik heb geprobeerd vergelijkbare bieren te groeperen.

Ik pleit er overigens niet voor om grote hoeveelheden verschillende bieren te drinken, of uitsluitend nieuwe soorten te proeven. Het is juist leuk om een lekker bier te ontdekken waar u van tijd tot tijd naar teruggrijpt. Ik geloof dat u door veel afwisseling en door goed te letten op hoe het bier voelt en smaakt veel meer zult genieten dan u ooit voor mogelijk had gehouden. Ik geef geen garanties, maar durf te wedden dat dit een interessante uitdaging is. En wat heeft u te verliezen? Als u aan het einde van de rit merkt dat al die variatie en smaken in de wereld van het bier niets voor u zijn, heeft u in elk geval een leuke tijd gehad. Maar voor hetzelfde geld ontdekt u juist een feestelijke wereld vol heerlijke bieren!

Zin in een biertje?

hoe u dit boek gebruikt

Bieren worden naar stijl geclassificeerd. Over het algemeen is dit boek zo opgezet dat de bieren gaandeweg donkerder en intenser worden.

Bij het klassieke bier binnen een bepaalde stijl worden eenvoudige voedselsuggesties gegeven.

pilsener

Pilsener of pils is de klassieke vertegenwoordiger van het hedendaagse goudkleurige, schuimende lagerbier. De hier afgebeelde bieren zijn uitstekende vertegenwoordigers hiervan. Ze zijn gebaseerd op de eerste goudkleurige lagerbieren die in de Tsjechische stad Plze (Pilsen, vandaar pilsener) werden gebrouwen. Het zijn lichte bieren die een zachte, malse rondheid hebben, gevolgd door een droge en zachtbittere hopafdronk. Droge hoppige pilseners zijn prima aperitiefbieren en passen bij vrijwel elk gerecht.

De schilderachtige Pilsner Urquellbrouwerij in Tsjechië.

> De vlaggetjes geven aan uit welk land het bier afkomstig is.

> De serveertemperatuur van het bier kan uw drinkgenot enorm beïnvloeden. Volg de richtlijnen om uw bier optimaal te laten smaken.

> Op deze schalen worden kleur en body van het bier weergegeven.

> Dit getal toont het alcoholpercentage.

🇩🇪 Jever Pilsener

Het sterk grassige aroma van deze zeer licht gekleurde pilsener doet denken aan katten, of zelfs stinkdieren. Het is namelijk een zeer goed gehopt lagerbier; het geeft slechts een voorbijgaande smaakimpressie van blonde mout voor de droge hoppige bitterheid er de afdronk toeslaat. Aangenaam puur.

Serveren bij: stevige hapjes – ham, salami of garnalentempura met een kneepje citroen

Land: Duitsland
Alc.: 4,9%; serveertemp.: 9-10 °C

🇨🇿 AB-Inbev Staropramen

Staropramen heeft een mooie gebrand gouden kleur en een aantrekkelijk aroma – pilsmout, een gistige kruidigheid met een vleug citrus (grapefruit?). Qua smaak een schoolvoorbeeld van een pilsener – zoete blonde mout gevolgd door een zachtbittere Saazhopsmaak. Zeer evenwichtig.
Land: Tsjechië
Alc.: 5%; Serveertemp.: 9-10 °C

🇩🇪 Schönram Pils

Een vaalgouden pilsener met een aantrekkelijk graanachtig aroma van lichtgekleurde mout met een toets van pittige hop. In de mond is de hop geprononceerder, hoewel nog steeds in balans. In de droge afdronk komt de hopsmaak nog sterker naar voren in een bitterheid die lang blijft hangen.
Land: Duitsland
Alc.: 5%; Serveertemp.: 9-13 °C

🇨🇿 Zatecky Pivovar Zatec

Deze goudkleurige pilsener heeft een goede smaakdiepte en een complexe smaak. Hoewel de geur niet veel onthult, heeft dit bier een prettige graanachtige zoetheid, en de afdronk verloopt elegant van een moutige zoetheid naar een vaag stroeve, bittere droogte.
Land: Tsjechië
Alc.: 4,6%; Serveertemp.: 9-10 °C

🇩🇪 Dinkelacker-Schwaben Meister Pils

De in dit bier gebruikte Tettnanghop geeft het aroma een kruidige noot. Na een lichte zoetheid in de ontwikkeling ontstaat daardoor een droge grassige toets in de aantrekkelijk bittere afdronk.
Land: Duitsland
Alc.: 4,9%; Serveertemp.: 7-9 °C

woordenlijst

aanzet
de eerste indruk die een bier maakt op de tong.

aanzetten
het toevoegen van gist aan het afgekoelde *wort*.

adjunct
alle *vergistbare suikers* anders dan gemoute gerst. Hieronder bevinden zich ingrediënten zoals gemoute of ongemoute tarwe, rogge en haver, maisgries, mais en zelfs rauwe suiker.

afdronk
de indruk die een bier achterlaat nadat het is doorgeslikt.

alc.perc.
het alcoholpercentage geeft aan hoeveel alcohol er per volume-eenheid in een vloeistof zit. Bij bier ligt dat meestal tussen de 4 en 6%, hoewel het ook veel hoger kan zijn.

ale
een helder *bovengistend* bier. Ale heeft gewoonlijk een korte vergistings- en rijpingstijd. Serveer ale op circa 13 °C, dan komt de fruitige smaak het best tot zijn recht.

ambachtelijk brouwen
bier brouwen met de nadruk op kwaliteit en smaak (door kleinschalige bedrijven met een beperkte productie).

aromahop
hopvariëteit die pas aan het eind van het brouwproces wordt toegevoegd. Aromahop geeft het bier vooral aroma en geen bitterheid.

beslagkuip
de kuip waarin het *maischen* plaatsvindt.

bitterhop
hop die vroeg in het brouwproces wordt toegevoegd; deze hop draagt vooral bij aan de bitterheid van het bier en niet zozeer aan de smaak.

body
de impressie van textuur en smaak die een bier aan het gehemelte geeft.

bovengistende gist
een gist die werkzaam is boven in de vergistingskuip, vaak bij hogere temperaturen. Deze gist produceert bloemachtige, fruitige, esterachtige smaken.

brettanomyces
een wilde giststam die de meeste soorten suiker kan vergisten en een karakteristiek aroma achterlaat. Zie *muf*.

brouwketel
de ketel waarin het wort wordt gekookt en waarin de *hop* wordt toegevoegd.

CAMRA
de campagne voor Real Ale (ambachtelijk gebrouwen bier) in Groot-Brittannië; een consumentenorganisatie die Real Ale promoot en waardeert.

carboniseren
de hoeveelheid kooldioxide (koolzuurgas) die in een bier is opgelost. Het koolzuurgas zorgt voor de prik in het glas en op de tong. Onder- of overcarbonisatie heeft een enorme invloed op de manier waarop het bier wordt ervaren.

citrusvlies
het witte vlies tussen de schil en het vruchtvlees van een citrusvrucht. Omdat het voornamelijk bitter is, wordt het vaak gebruikt om het karakter van hoppige bieren te beschrijven.

civetkat
een Indonesische kattensoort, spil in de productie van de *kopi luwak*-koffiebonen, die 'geoogst' worden nadat ze het spijsverteringskanaal van de kat hebben verlaten. (Zie ook het stukje over Mikkeller Beer Geek Breakfast Pooh Coffee Cask Festival Edition op blz. 255.)

doordrinkbaarheid
de totale combinatie van smaak en *mondgevoel* die een bier interessant en lekker maakt.

doordrinkbier
(Engels: *session beer*) elke lichte laagalcoholische biersoort, vaak (maar niet uitsluitend) ale. Ze worden zo genoemd omdat je er door hun lage alcoholpercentage meer achter elkaar van kunt drinken.

eesten
het drogen van ontkiemde *gerst* door verhitting in een eest, om verdere groei te stoppen. Wordt ook wel gebruikt als manier om de korrels te kleuren en op smaak te brengen.

ester
een aromatische verbinding tussen een alcohol en een zuur dat vrijkomt tijdens de *vergisting*.

extreem bier
bier dat met ongewone ingrediënten is gebrouwen, een ongewone intensiteit heeft of een ongewoon hoog alcoholpercentage. Voornamelijk een Amerikaanse obsessie.

GBBF
het Great British Beer Festival in Londen. Een jaarlijkse viering rondom traditioneel vatbier. Dit festival wordt

bezocht door grote aantallen mensen van allerlei pluimage, allen verenigd in hun liefde voor lekker bier.

gerst
het graan waarop bier is gebaseerd. Het zaad van de gerstplant wordt tot ontkieming gebracht en *geëest* (geroosterd) om mout te maken.

hop
de bloem van de hopplant *Humulus lupulus*, die bier zijn bitterheid, smaak en geur geeft. In sommige delen van Noord-Amerika vereerd als een god.

hopzeef
de grote zeef die dient om afgetrokken *hop* uit het gekookte *wort* te verwijderen.

kater
het gevolg van overmatig alcoholgebruik. Kan variëren van een lichte dufheid tot een algehele malaise. Te vermijden door matig te drinken.

ketel
kort voor brouwketel.

klaringskuipfiltratie
het proces om het wort te klaren (helder te maken) door het van onder uit de maisch- of *beslagkuip* te scheppen en over de maisch te sproeien.

lagerbier
een bier dat met *ondergistende gist* wordt gebrouwen; gewoonlijk met een betrekkelijk lange vergistings- en rijpingstijd. Lagerbieren dienen op circa 4 °C te worden geserveerd om hun frisheid te accentueren.

lageren op vat
de opslag van bier in houten vaten of fusten waarbij door de voortgaande *vergisting* de van nature in het vat aanwezige smaakstoffen (*vatflora*) het bier complexiteit geven.

levend bier
tijdens het bottelen van bier wordt gist toegevoegd waardoor een bier in de fles nagist om extra complexiteit toe te voegen.

liquor
Engelse term voor brouwwater.

macro
gewoonlijk wordt hiermee een lagerbier bedoeld dat via massaproductie en hulpstoffen is geproduceerd. De tegenpool van *ambachtelijk brouwen*.

maisch
het papachtige mengsel van heet brouwwater en *schrootsel* dat de *vergistbare suikers* uit de mout vrijmaakt. Als de maisch eenmaal geklaard en helder is, heet het *wort*.

mistig
erg fijne eiwitten in het bier. In ongefilterd bier worden ze zichtbaar bij lage temperaturen. Onschadelijk, maar een goede aanwijzing dat uw *ale* te koud wordt geserveerd.

mondgevoel
de algehele indruk van een bier in de mond. Dit omvat de *aanzet*, de *ontwikkeling*, de pareling en de *afdronk*.

mout
gewoonlijk van gerst gemaakt (maar het kan in feite van elk graan). Graan dat tot ontkiemen is gebracht en vervolgens is *geëest* (geroosterd en gedroogd). Wanneer het gewalst is, heet het *schrootsel*.

mouten
het proces waarbij een graan (meestal *gerst*) tot ontkiemen wordt gebracht om enzymen en vergistbare suikers vrij te maken. Het zaadje denkt dat het een plant gaat worden, maar de *mouter* denkt daar anders over.

mouter
de persoon die mout maakt van het graan, vaak in dienst van een mouterij.

muf
het kenmerkende resultaat van vergisting door brettanomycesgisten; een ongewoon en niet altijd plezierig aroma, dat in kleine hoeveelheden een aangename complexiteit aan het bier kan geven.

ondergistende gist
een gist die onder in het vergistingsvat actief is bij gewoonlijk lage temperaturen; hierdoor ontstaan zuivere, frisse smaken.

ontwikkeling
de indruk die door het bier op de smaak- en geursensoren in de mond wordt gemaakt na de *aanzet* en voor de *afdronk*.

pasteurisatie
een proces waarbij voedsel of drank kort verhit wordt om eventuele ongewenste bacteriën te doden. Dit heeft, zoals te verwachten, een negatief effect op de smaak van het bier.

Reinheitsgebot
de Duitse wet op zuiverheid uit 1516, waarin vastgelegd werd dat bier alleen water, mout en hop mag bevatten.

rijping op vat
het bier rijpt een tijd in een vat dat eerder voor het bewaren van iets anders is gebruikt, vaak voor whisky,

maar het kan ook sherry, wijn of een andere drank zijn. Dit heeft niets te maken met tapbier, dat ook uit een vat komt.

rijpingsgraad
deze term wordt gebruikt voor de kwaliteit van op het vat gerijpt bier; er wordt gekeken naar de smaakontwikkeling en de hoeveelheid koolzuurgas die in het bier aanwezig is.

schrootsel
gemalen *mout*; het harde vlies wordt gekraakt en de poederige suikers en enzymen komen vrij.

spontane vergisting
een *vergisting* die vanzelf, door *wilde gisten* in de omgeving, begint zonder dat gistculturen zijn toegevoegd. Volgens vele brouwers een ramp, volgens de brouwers van de Belgische lambiekbieren een zegen.

stikstof, op druk brengen met
stikstof wordt evenals andere gassen gebruikt om een romig lichaam en schuimkraag voor bier te produceren, vaak toegepast bij Guinness uit het vat.

tapbier
een stabiel, gefilterd (en soms gepasteuriseerd) bier dat via toegevoegde gasdruk uit het vat wordt getapt. Ooit verguisd, maar nu voorzichtig op de terugtocht.

traditioneel gebrouwen bier
bier dat in het vat waaruit het getapt wordt een geplande tweede gisting heeft ondergaan. Dit omvat vatbier en bier dat in de fles een hergisting heeft ondergaan.

uitspoelen
nadat het wort uit de *beslagkuip* is gelopen, wordt meer heet water op de moutrestanten (bostel) gesproeid om eventuele achtergebleven *vergistbare suiker* uit te spoelen. Deze techniek heet uitwassen of uitspoelen.

vatbier
bier dat nagegist is in het vat waaruit het wordt getapt. Hieraan wordt geen extra koolzuur toegevoegd.

vatflora
de aan de binnenkant van een houten vat of fust levende micro-organismen. Vaak worden hiermee alleen de lactobacillus, de pediococcus en de brettanomycesgist bedoeld, maar feitelijk kunnen nog enkele honderden andere soorten voorkomen.

vergistbare suiker
de suiker die uit de *mout* vrijkomt tijdens het *maischen* en daarna opgelost blijft in het wort.

vergisting
het proces waarbij de *gist* de suiker omzet in alcohol. De gist 'eet' de *vergistbare suikers* op en scheidt alcohol, koolzuurgas en *esters* uit.

water
het hoofdbestanddeel van elk biertje. Historisch gezien bepaalde de hardheid van het water het type bier dat werd gebrouwen. Tegenwoordig kan het water worden gefilterd en aangepast aan elke door de brouwer gewenste stijl.

wilde gisten
vrij rondzwervende gisten die overal voorkomen en niets liever doen dan een partij prima geslaagd bier bederven met hun onvoorspelbare werking.

wort
de zoete vloeistof vol *vergistbare suiker* die ontstaat uit een mengsel van heet brouwwater en *schrootsel*.

water, mout, hop & gist

Afgaande op de ingrediëntenlijst zou u kunnen denken dat bier maken niet zo ingewikkeld is, en in zekere zin heeft u gelijk. De vier basisingrediënten zijn water, gemoute gerst, hop en gist – hoe moeilijk kan het zijn? Zolang u het recept volgt is het eenvoudig, maar bierbrouwen kent een verrassend groot aantal variabelen.

Water, bijvoorbeeld, blijkt erg variabel te zijn, afhankelijk van de geologie van de locatie van de brouwerij. Water wordt door rotsen gefilterd en pikt onderweg allerlei minerale afzettingen op. Deze mineralen hebben op diverse manieren invloed. Net zoals het met zeep wassen van uw handen verschillend voelt in gebieden met hard of zacht water (zeep schuimt makkelijker in zacht water), beïnvloedt brouwen met hard of zacht water het mondgevoel.

Gerst is een graan, en zoals voor alle landbouwproducten geldt, verschilt de oogst van jaar tot jaar. Toch is de variatie in het graan zelf klein vergeleken met de enorme veranderingen die de gerst ondergaat door de voorbewerking om hem klaar te maken voor de bierbrouwerij. Er zijn allerlei varianten, vergelijkbaar met ontbijtgranen, van lichtgekleurd en vrijwel onbereid, tot zwart en verbrand.

Hop is een landbouwproduct dat van jaar tot jaar enorm in kwaliteit en kwantiteit kan verschillen. Op het moment dat dit boek werd geschreven, slaakte de brouwerswereld een zucht van verlichting na een goede oogst; de afgelopen twee jaar was de hoeveelheid absoluut onvoldoende, om maar te zwijgen van de kwaliteit. Het is verrassend dat deze fijne bloesem zo'n opvallende en sterke smaak heeft.

En dan hebben we nog gist. Zoals we zullen zien, kan gist een bier maken of breken. Vreemd genoeg is een bedorven bier niet altijd vervelend...

water

Het klinkt misschien vreemd, maar het meeste bier bestaat voor 95% uit water. Als een bier een alcoholpercentage van 5% heeft, bestaat de rest van het brouwsel uit dat wat aan het begin van het brouwproces in de ketel wordt gedaan. Zelfs als u een klein deel van de hoeveelheid rekent voor de bestanddelen die het bier zijn uiterlijk, geur en smaak geven (er is een enorme variatie in kleur, aroma en smaak in de verschillende bierstijlen), betaalt u vooral voor dat spul uit de kraan, water.

Hoewel het een beetje ver gaat om te stellen dat bier alleen maar bewerkt kraanwater is, gebruiken de meeste brouwerijen het plaatselijke drinkwater bij de productie van bier. Het water wordt gefilterd en de aanwezige mineralen worden eruit gehaald, waardoor het water helemaal schoon en zuiver is. Vervolgens worden er weer wat minerale zouten aan toegevoegd. Een aantal brouwerijen gebruikt water uit ondergrondse meren, of eigen bronnen, maar dat is tamelijk zeldzaam. De meeste brouwerijen corrigeren het mineraalgehalte van het water. Bier dat wordt gebrouwen van natuurlijk zuiver bronwater is vrijwel altijd een mythe, ben ik bang.

Hiermee wil ik niet zeggen dat water een onbelangrijk element is. Sommige bierstijlen hebben een nauwe koppeling met de samenstelling van het water in de plaats van oorsprong. De geronde zachtheid van de klassieke Tsjechische pilseners houdt verband met de betrekkelijk lage hoeveelheid minerale zouten in het water. Het hoge zwavelgehalte van het harde water in Burton benadrukt de bitterheid en droogheid van de hop; deze eigenschappen overheersen de klassieke lichtgekleurde ales van Burton. Het zachte water in Londen – de thuisbasis van de porter- en stoutbrouwerijen – bevat veel chloride, dat het bier een voller mondgevoel geeft.

Schoon water is onmisbaar in het leven, maar pas sinds betrekkelijk korte tijd hebben we daarvan een constante aanvoer. Voordat schoon water zo gewoon was, had bier het voordeel dat het tijdens de productie werd gekookt, waardoor het gesteriliseerd werd en alle in het water aanwezige bacteriën werden gedood. Bier bij het ontbijt was gebruikelijk, hoewel het toen wel ging om een lichte, laagalcoholische biersoort gebrouwen met gedeeltelijk gebruikte mout. Dit bier heette 'klein bier', niet te verwarren met 'kleintje bier', wat betrekking heeft op de maat van het glas.

Drie van de basisbestanddelen van bier: water, gerst en hop.

Water, hoewel qua hoeveelheid het voornaamste ingrediënt in bier, is misschien het minst belangrijk. Zolang het schoon en drinkbaar is, kan elk soort water worden gekozen dat bij de stijl van het bier past, of het kan worden aangepast om met de 'huisstijl' van de brouwer overeen te komen. De andere ingrediënten zijn ingewikkelder, zoals we zullen zien.

mout

Mout, of preciezer gezegd, gemoute gerst, zullen de meeste mensen wel eens in zijn onbewerkte vorm hebben gezien, waarschijnlijk zonder erbij te denken en meestal zonder het verband met bier te leggen. Wanneer u de gerstvelden zachtjes in de zomerwind ziet golven, kijkt u naar een belangrijk ingrediënt van bier. Er komt echter heel wat bij kijken om de gerst van de akker in uw glas te krijgen, en veel van de stappen zijn essentieel voor de kwaliteit van het eindproduct. Het soort gerst is eveneens doorslaggevend. Iedere brouwer heeft zijn eigen voorkeuren, en de keuze kan worden beïnvloed door het gewenste type bier. Een aantal Engelse gerstsoorten wordt gewaardeerd vanwege hun smaakdiepte (als u op het etiket Maris Otter of Golden Promise aantreft, kunt u zeker zijn van de kwaliteit). Als de brouwer de beste kwaliteit gerst inkoopt, hoeft hij alleen zijn werk nog maar goed te doen.

We laten het oogsten van de gerst voor wat het is – het is nu eenmaal niet erg romantisch om te beschrijven hoe een akker vol gerst door een machine (combine) zo groot als een huis wordt gesneden en verwerkt. Indrukwekkend, natuurlijk, maar het is belangrijker om te weten dat alleen de aar aan de bovenkant van de stengel wordt geoogst. Aan het eind van de verwerking blijft een reusachtige berg graan over – meestal ongepelde gerst (maar tarwe, haver en rogge zijn ook bruikbaar). Deze gerstkorrels zijn feitelijk zaadjes; plant ze en er groeit meer gerst. Dit eenvoudige natuurlijke proces, het ontkiemen van een zaadje nadat het is geplant, vormt de volgende stap in het productieproces.

Rauwe gerstkorrels zijn zo hard als steentjes, maar ze bevatten het zetmeel en de enzymen die nodig zijn om het meellichaam van de korrel in vergistbare suiker om te zetten. Gist heeft suiker nodig om alcohol en koolzuurgas te produceren, maar daarover later meer. Het is de speciale taak van de mouter om dit proces te overzien; van de ontkieming van de mout tot de bereiding, het stabiliseren en (soms) kleuren ervan.

Tijdens het mouten wordt het graan in water geweekt, waardoor het ontkiemen en spruiten op gang worden gebracht. Als het gerstkorreltje kon denken, zou hij menen dat de regens waren begonnen en dat hij nu kon uitgroeien tot een mooie sterke gerstplant. Op dat moment komen enzymen vrij die het zetmeel in de korrel omzetten in suiker, het voedsel voor de groei van de plant. Na enkele dagen, waarin de korrels liefdevol worden gekeerd en doorgeharkt opdat de uitspruitsels niet te veel verstrengeld raken, noch schimmelig worden door gebrek aan lucht, levert hun eigenaar ze een gemene streek. In plaats van de graankorrels de natuur te laten volgen en uit te laten groeien tot mooie sterke planten, schept hij ze op, schud ze in een hete roterende oven en roostert ze tot ze niet meer zijn dan kleine klompjes vergistbare suikers. Misschien maar beter dat het gerstkorreltje niet kan denken – ik zou niet graag willen weten wat hij van zijn smadelijke einde vond. Gelukkig is het gerstkorreltje niet tevergeefs gestorven. Het is omgezet in lichtgekleurde mout, het basisingrediënt voor de meeste bieren.

Wereldwijd wordt jaarlijks meer dan 115 miljoen ton gerst verbouwd.

Opgehoopte mout op de vloer van de Freistädterbrouwerij in Oostenrijk.

Dat is nog niet het einde van het verhaal. Tijdens het roosteren kan de mouter de mout verder dan het lichtgekleurde stadium roosteren, zodat de gerst kleurt, net als brood in een broodrooster. Een beetje langer en de mout krijgt een bruinige tint en een nootachtige smaak. Nog wat langer en hij wordt donkerbruin en smaakt naar koffie en pure chocolade. Soms wordt de gerst wat vochtig gelaten voor hij wordt geroosterd en dan karamelliseert de suiker in de korrel tijdens het drogen enigszins, waardoor een toffeeachtige korrel met een roodbruine kleur ontstaat – Weense mout, gebruikt om Weense (Vienna) bieren te produceren.

Uiteraard is het ook mogelijk om de neutrale hittebron die gebruikt wordt om het graan te drogen, te vervangen door een meer ambachtelijk droogproces, waarbij het graan geroosterd wordt boven een natuurlijke hittebron op turf of hout. Geen vuur zonder rook natuurlijk. Op deze wijze gedroogde mout krijgt een diep rookaroma dat terugkomt in het uiteindelijke bier. Hoewel ongebruikelijk, worden deze gerookte mouten nog steeds gebruikt in de bierbrouwerijen, vooral in de rookbieren (Rauchbier) van de Franken in Midden-Duitsland. Deze gerookte mout wordt ook in kleine hoeveelheden toegevoegd aan stout- en porterbieren om de smaak complexiteit te verlenen.

Elk van deze mouten heeft een eigen karakter dat invloed heeft op het bier. Door de kleur lijkt een stout alleen gebrouwen van zeer donker geroosterde mout, maar verbazingwekkend genoeg bestaat de storting (zoals de totale combinatie van mouten in een brouwsel wordt genoemd) overwegend (zo'n 70%) uit lichtgekleurde mout, aangevuld met donkerder geroosterde mout (en misschien wat donker geroosterde ongemoute gerst). Het belangrijkste is dat alleen de lichtgekleurde mout voor de vergistbare suikers wordt gebruikt. Zonder een flinke hoeveelheid hiervan eindigt u niet met bier, maar met een soort thee van onvergiste gerst.

Voor de mout klaar is voor verwerking in het bierbeslag moeten de korrels eerst gekraakt worden tussen een stel zware stalen rollers met een heel kleine opening. Hierdoor wordt het buitenste vlies van de korrels gekraakt en komt het zetmeel vrij. Sommige brouwerijen doen het zelf, maar het wordt vaak in een mouterij gedaan. Het schrootsel (het mengsel van vlies en binnenste van de korrels) wordt met water in de brouwketel gemengd. Dat is het onderdeel van het brouwproces waar we zo aan toekomen, maar eerst behandelen we de twee andere belangrijke ingrediënten: hop en gist.

hop

Wanneer ik een bierproeverij houd, speel ik graag een gemeen spelletje. Ik neem dan een kelkglas met bier, laat het bier walsen, houd het onder iemands neus en vraag wat hij ruikt. Voor de meeste mensen is het erg moeilijk om meer dan een of twee geuren in bier te onderscheiden en nog moeilijker om ze te benoemen. De meeste mensen antwoorden met: 'Hoppig?' Het vraagteken is belangrijk – iedereen weet dat bier hop bevat en dat de meeste bieren in zekere mate hoppig ruiken en smaken. Maar hoe ruikt hop nu eigenlijk? En nu we het er toch over hebben: wat is hop eigenlijk?

Het antwoord op de eerste vraag is dat de geur van hop op vele dingen lijkt, maar ook alleen ruikt naar hop. Hop heeft een doordringende, ietwat muffe en eigenlijk een beetje vieze geur – deze eigenschap hebben alle soorten hop gemeen. Het element dat naar allerlei verschillende dingen ruikt, verschilt per soort. Hop kan ruiken naar citroen, grapefruit, pijnboomnaalden, zwarte bessen, jasmijn – u begrijpt nu vast wel waarom mensen hoopvol gokken op hop als hun wordt gevraagd naar de geur. Aan de andere kant hebben ze natuurlijk gewoonlijk gelijk.

Om de tweede vraag te beantwoorden: hop is de bloem van de klimrank *Humulus lupulus*. In de teelt klimmen hopranken tegen draden en palen en in het wild klimmen ze tegen alles wat ze op hun weg vinden. Ze klimmen geweldig; in een groeiseizoen kunnen ze van kleine scheutjes tot wel zes meter hoog groeien (hop wordt aan het eind van de zomer geoogst). Verse hop ruikt heel sterk; de bloemen zijn plakkerig van hun eigen hars, bijna overweldigend prikkelend, en ruiken als niets anders. Het overheersende aroma is in dit stadium meestal hars- of pijnboomachtig. Als de hop gedroogd is en in bier gekookt (of in uw handpalm gewreven), komt het tweede aspect naar voren, de eerdergenoemde vleugen citrus, bloesem en fruit. In bier voegt hop voornamelijk bitterheid en geur toe, afhankelijk van het moment in het brouwproces waarop hij wordt toegevoegd. Hop heeft een antibacteriële werking, waardoor hij hielp om bier te conserveren. Vroeger hield hop bier vrij van besmetting met bacteriën, maar in de huidige hygiënische brouwerijen is deze eigenschap nauwelijks meer van belang.

Het grootste hopproducerende gebied ligt in de Hallertauvallei in Duitsland.

Eesthuizen zijn traditionele Engelse boerderijgebouwen die gebruikt werden voor het drogen (eesten) van hop ter voorbereiding van het brouwproces.

In de brouwerswereld gold lange tijd een soort indeling van hopsoorten. Er waren vier klassieke Europese soorten (Saaz, Tettnang, Spalt en Hallertau, de zogenoemde edele hops), ondergewaardeerde Britse soorten (East Kent Golding, Fuggles en dergelijke) en buitengewoon scherpe Amerikaanse (onder meer Cascade en Chinook). Elke soort werd door de gebruikers van de andere groepen met wantrouwen bekeken en verworpen. Gelukkig zijn deze dagen van hop-apartheid voorbij en wereldwijd gebruiken brouwers vrolijk de hopsoort die het best bij de stijl van hun bier past. Ik heb een uitzonderlijk goede British bitter in St. Louis, Missouri, gedronken, een harsige pale ale in Amerikaanse stijl in Cornwall en de lekkerste pils ooit uit een brouwerij in Noord-Italië.

Hopsoorten zijn de specerijen van het bier. Ze voegen pit en spanning toe aan de koppig-zoete ondergrond die de mout levert. Hop is de chutney in de kaassandwich, de jalapeño's op een stapel nacho's. De wisselwerking tussen hop en mout maakt bier interessant – meer nog: maakt bier tot bier. Toch is er nog een ingrediënt dat zijn speciale invloed doet gelden, een dat op magische wijze suiker omzet in alcohol: gist.

gist

Oké, het is wat veel gezegd dat gist een magische stof is. Gist zorgt feitelijk voor een eenvoudige biologische omzetting, waarbij de gist de suiker opeet en koolzuurgas (CO_2), alcohol en esters (aromatische elementen) uitscheidt. Dit proces heet fermentatie of vergisting. Maar zelfs als gist niet uit kleine magische wezentjes bestaat, blijft hij een tamelijk bijzonder ingrediënt.

Gisten zijn eencellige organismen, en ze zijn overal om ons heen – zwevend in de lucht, aanwezig op de schil van vruchten, rondhangend tussen uw tenen en wachtend om in actie te komen. Er bestaan allerlei soorten gist, maar bij het brouwen zijn slechts drie soorten van belang: *Saccharomyces cerevisae* (alegist), *S. uvarum* (lagergist) en spontane of wilde gist (voornamelijk *Brettanomyces bruxellensis*). Van deze twee zijn de *S. cerevisae* en de *S. uvarum* gecultiveerde cultuurgisten, terwijl *B. bruxellensis* een soort zwerver is die ronddoolt op zoek naar iets leuks om te bederven. De twee *Saccharomyces*-gisten zijn het belangrijkst, maar we zullen straks ook iets over die ondeugende *Brett(anomyces bruxellensi*s) vertellen.

Ale- en lagergisten doen ongeveer hetzelfde: ze eten suiker en produceren CO_2, alcohol en aromatische bestanddelen. De manier waarop ze dat doen verschilt echter. Lagergisten vergisten op lagere temperaturen, hangen rond onder in de vergistingskuip en zorgen voor een langdurigere, tragere vergisting. Dit proces levert heldere bieren op met een frisse smaak. Deze lange, trage vergisting, die lageren (Duits: *lagern* = opslaan) wordt genoemd, gaf het klassieke goudkleurige lagerbier zijn naam.

Alegist werkt zichzelf naar boven in de vergistingskuip, waarbij grote schuimkussens ontstaan. Deze gist werkt bij hogere temperaturen en vergist veel sneller. Deze vergistingsmethode levert fruitigere, complexere smaken. Dat is het voornaamste verschil tussen lagers en ales; zelfs in bieren die alleen met lichtgekleurde mout zijn gebrouwen, maakt de gebruikte gist een enorm verschil.

Natuurlijk kent ook deze regel uitzonderingen. Een hedendaags hybride bier is Anchor Steam; het is een voorbeeld van de California Commonstijl. Dit is een bier dat met een lagergist wordt vergist, maar bij hogere

De gist van de ale drijft tijdens de vergisting bovenop.

temperaturen. Het maakt koeling overbodig en levert een middelzwaar bier met de fruitige componenten van een ale. Het is geen lagerbier omdat het niet de langdurige vergisting (soms koude vergisting genoemd) van een echt lagerbier heeft. Andere uitzonderingen worden gevormd door het Duitse kölsch en altbier. Deze bieren worden met een alegist vergist, maar worden een tijd koud opgeslagen om te vergisten. Het zijn lagerbieren, en toch niet, en ook al geen ale. Ziet u nu hoe ingewikkeld gist is?

Over ingewikkeld gesproken: wilde gisten maken het allemaal nog complexer. Ik zette brettanomyces (*Brettanomyces bruxellensis*) eerder apart omdat het een tamelijk bekende wilde gist is, die een nogal onplezierige urineachtige geur achterlaat. Ik overdrijf een beetje, want het is slechts een van de vele wilde gisten die hun magische werk verrichten in de spontaan vergistende Belgische lambiekbieren. Lambiek is een soort bier dat de grenzen van de bierwereld enigszins oprekt; het zijn wrange, droge, zure bieren die vele maanden of jaren moeten rijpen en gemengd worden voor ze drinkbaar zijn. Daarnaast is het oneerlijk om de schuld helemaal bij de wilde gisten te leggen, aangezien ook het enorme aantal in de houten rijpingsvaten levende micro-organismen voor problemen kan zorgen.

Al dit gepraat over wilde gisten maakt het echter niet eenvoudiger en dat geldt evenzo voor het feit dat er honderden ale- en lagergiststammen bestaan, die allemaal op subtiele wijze het eindresultaat beïnvloeden. De ene brouwerij gebruikt zijn eigen giststam, terwijl een andere een bepaalde geweekte giststam bij een gistbank koopt. De kunst is dat de brouwer de omstandigheden schept waarin de gist gedijt en dat de gist op een voorspelbare manier doet wat hij moet doen. Men zegt wel eens gekscherend: 'De enige taak van de brouwer is om de gist gelukkig te maken; gelukkige gist maakt lekker bier.' Met deze vrolijke noot in ons achterhoofd gaan we eens kijken hoe bier wordt gemaakt.

Pas halverwege de negentiende eeuw begreep men de rol van verse gist bij het bierbrouwen.

In een traditionele open vergistingskuip vormt de gist een zachte romige toplaag.

brouwen

Water, mout, hop en gist – slechts vier ingrediënten. Hoe moeilijk kan het zijn? Brouwen is dan wel een behoorlijk rechtlijnig proces, maar de kunst is om alle variabelen zo te manipuleren dat het gewenste effect ontstaat. Als u alle mogelijke soorten water die u kunt toevoegen in aanmerking neemt en alle hoeveelheden en soorten mout, de hopcombinaties en de giststammen, die allemaal net weer iets anders doen, merkt u dat alle keuzen samen een enorme berg vormen met legio mogelijke uitkomsten. Geen wonder dat elk bier anders smaakt en dat we allemaal een lievelingsbier hebben.

De eerste stap is het maken van een soort grove pap van graan en heet water. Dat wordt de maisch genoemd. Het doel is om de vergistbare suiker uit het gekraakte graan (het schrootsel) te halen. De bak waarin dat wordt gedaan heet de beslagkuip. De maisch blijft ongeveer een uur in de kuip op een temperatuur van 66 °C, zodat de enzymen in de mout worden geactiveerd en alle vergistbare suiker uit het schrootsel vrijmaken. Deze zoete vloeistof heet het wort.

Nadat alle vergistbare suiker eruit is, moet het wort geklaard worden. Dat wordt gedaan via een proces dat klaringskuipfiltratie heet – het wort wordt onder uit de maischkuip gehaald en boven op het gemaischte graan gesproeid; dit proces heet uitwassen of uitspoelen – bierbrouwers hebben voor alles graag een bijzondere term. In het klaringsproces werkt het gemaischte graan, dat nu feitelijk een bovendrijvende massa graanvliezen is, als een filter. Het wort gaat naar boven, sijpelt door het afgetrokken graan en komt er onderaan helder uit. Deze tweede filtering bewerkstelligt ook dat aan de maisch alle suiker wordt onttrokken.

Het moeilijkste deel hebben we gehad, nu komt het koken. Eindelijk krijgt u het gevoel dat u aan het brouwen bent, zoals u zich dat had voorgesteld. In een schone kuip wordt het wort aan de kook gebracht (het moet ongeveer een uur koken), waarna de hop wordt toegevoegd. Sommige soorten hop kunnen beter vroeg (na circa tien minuten) worden toegevoegd, bijvoorbeeld de bitterhop, omdat die aan de achtergrondbitterheid van het bier bijdraagt. Hoe later tijdens het kookproces de hop wordt toegevoegd, hoe meer hij bijdraagt aan de geur in plaats van aan de bitterheid. Sommige hopsoorten zijn geschikter om later in het kookproces te

Brouwketel in de Feierlingbrouwerij in het Duitse Freiburg.

worden toegevoegd, en die heten (u raadde het al) aromahop. Aan het einde van de kooktijd kunt u het wort proeven (pas op, heet!). Het zal behoorlijk zoet zijn, omdat alle suiker omgezet moet worden in alcohol, maar het wort behoort nu een beetje naar bier te smaken.

Tegen het eind van de kooktijd moet alles een beetje sneller gaan. U herinnert zich wat ik vertelde over alle wilde gisten om ons heen? Nu, het is geen spoedgeval, maar rond het einde van het kookproces moet alles steriel zijn wat in contact komt met het wort. Hoe sneller u de hop verwijdert en het wort laat afkoelen, hoe sneller u de gist kunt toevoegen en de gistkuip luchtdicht kunt afsluiten (met een eenrichtingswaterslot), zodat alle ondeugende wilde gisten die uw bier kunnen verpesten buitengesloten worden. Zodra het wort tot 24 °C is afgekoeld, kan de gist worden toegevoegd (of aangezet, zoals deskundigen het noemen). De vergisting begint daarna heel vlug.

De eerste gisting is een verrassend levendig proces; er ontstaat een enorme schuimkop. Na enkele dagen slinkt die en begint de tragere tweede gisting, die wel vier weken kan duren (of zelfs langer voor sterkere bieren). Aan het einde van de eerste gisting ligt er een massa dode gistcellen (troep) en wie weet wat nog meer op de bodem van de gistkuip. Het is meestal verstandig om het bier (ja, het is al bier!) over te doen in een schone kuip om de vergisting te voltooien. De troep kan onaangename smaken en geuren afgeven. Nog enkele weken langzaam vergisten en het bier is klaar om gebotteld te worden of in een vat te worden overgedaan. Weer enkele weken later is het klaar om gedronken te worden.

Dit is geen volledige brouwersgids – ik heb allerlei details weggelaten om het eenvoudig te houden, maar ik vertel in basis hoe bier wordt gebrouwen. Vier ingrediënten, wat koken en een lange wachttijd, dat is het wel zo'n beetje. Vanuit dit basisproces is de hele wereld van het bier ontstaan.

brouwerijtours & bezoek

De uitdrukking 'Er is leven in de brouwerij' betekent dat het er gezellig is. Wat is er nu gezelliger dan een bezoek aan een brouwerij? Het is een interessante en leuke tijdsbesteding. Misschien wordt het niet direct een groot feest, maar u leert ongetwijfeld waarin de ene brouwerij verschilt van de andere en waarom bieren van verschillende brouwerijen zo karakteristiek zijn. Of zelfs waardoor de bieren van een en dezelfde brouwerij variëren en soms zelfs van partij tot partij anders smaken.

Ik heb al heel wat brouwerijen bezocht, en telkens verbaas ik me weer over het aantal variabelen die een brouwer tot zijn beschikking heeft. Vermenigvuldig het aantal moutstijlen met het aantal hopvariaties en het aantal giststammen en je hebt een enorm aantal mogelijkheden. En dan hebben we het nog niet eens gehad over alle mogelijke verhoudingen tussen hop en mout. Je zou je een brouwer na dit alles bijna moeten voorstellen als een kruising tussen een filosoof en een gestoorde wetenschapper, maar de mensen die u boven een stomende brouwketel ontmoet, zijn waarschijnlijk net zo divers als overal. Ieder heeft zijn eigen methode om de dingen te doen, zijn eigen aanpassingen aan het brouwproces, en dat is waarom het zo loont om een brouwerij te bezoeken. U krijgt een inzicht dat u nooit zult krijgen van alleen het drinken van hun producten, een inzicht dat het plezier in hun bier vergroot.

De meeste brouwerijen zijn verrassend bereid om mensen rond te leiden, hoewel ze niet gauw alles uit hun handen zullen laten vallen om een enkeling de brouwerij te laten zien. Het helpt om met een groep te gaan en die te omschrijven als een plaatselijk genootschap van bierliefhebbers. Als u geluk heeft, krijgt u een privé-rondleiding door de brouwerij, met een proeverij inbegrepen. Zorg dan dat u aan het einde van de rondleiding wat bier koopt; ze besteden niet uitsluitend voor de lol tijd aan u. Maar u kunt ook te horen krijgen dat u aan de maandelijkse rondleiding kunt deelnemen, of u krijgt (in enkele gevallen) een bot 'nee' te horen. Vat het niet persoonlijk op; het eindproduct wordt weliswaar in een gezellige omgeving genoten, maar het maken ervan vereist hard werk en werk gaat nu eenmaal voor. Tijdens het samenstellen van dit boek kreeg ik van sommige brouwers te horen dat ze het te druk hadden om mij bier te sturen, maar dat is uiteraard een heel ander verhaal...

Grotere brouwerijen stellen vaak een selectie tentoon van oude en verouderde brouwbenodigdheden.

kiezen, bewaren & serveren

Van buitenaf gezien is een ambachtelijk vervaardigd product altijd enigszins in een waas van mysterie gehuld. Hoewel bier in onze wereld overal aanwezig is, is het toch iets waar de meeste mensen niet veel aandacht aan schenken – het is iets kouds en nats wat lekker wegdrinkt na een dag hard werken, of een goede reden om met vrienden de kroeg in te duiken. Het lijkt soms zelfs of bier drinken gepaard gaat met een onbegrijpelijke taal en etiquette.

Hoewel het iets meer aandacht vergt om van een goed bier ten volle te genieten (en het grootste deel van de bieren in dit boek zijn dat beslist waard), zijn er niet zoveel regels als u misschien denkt. U hoeft een bier niet diepgaand te analyseren om ervan te kunnen genieten. U kunt via uw gezichtsvermogen, smaak en reuk het verschil herkennen tussen een lager en een stout. Als u aan de geur en smaak denkt, weet u vanzelf welk bier verfrissend is, of juist geschikt als appetizer (dat is de lager, trouwens). Waar u misschien niet aan denkt, is dat een stout heerlijk smaakt bij het dessert, vooral als dat chocolade of vanille bevat.

Er zijn echter enkele vuistregels die u helpen het beste uit uw bier te halen; op de volgende bladzijden worden ze uiteengezet. De voorliefde voor bier hoeft niet beperkt te blijven tot de keuken en het café; in dit boek vindt u enkele tips over hoe die liefde zich kan uitstrekken tot brouwerijen en speciaalzaken. Er is een wereld van smaak daarbuiten, laten we daarom beginnen met de basis: het vinden van goed bier.

Op een warme zomeravond is een koel glas helder bier op een terrasje een uitstekende keuze.

bier kiezen

Vergeet nu eens die eeuwige champagne, cocktails en likeurtjes – er is een bier voor elke gelegenheid. Terwijl ik dit schrijf, geniet ik van een slaapmutsje, Moorhouse's Black Cat. Het is een donker bier dat ik altijd associeer met een avonddrankje. Het bevat relatief weinig alcohol (3,4%); ik moet morgen vroeg op en moet me daarnaast concentreren op het schrijven van dit boek. Dit bier heeft een impressie van room en chocolade, waardoor het iets heeft van een kop chocolademelk voor het slapengaan. Het heeft niet zo veel smaak dat het me afleidt, maar net genoeg om mijn aandacht vast te houden. Het is koel, maar niet koud, want dan zouden de delicate smaken niet tot hun recht komen. Als ik niet hoefde te schrijven en niet vroeg op hoefde te staan, zou ik iets sterkers kiezen, maar voor dit doel is dit bier uitstekend geschikt.

Soms wil ik natuurlijk iets met wat meer prik. Een koude pilsener is prima om de eetlust op te wekken – Jever Pilsener bijvoorbeeld, met zijn schurende, droge bitterheid, of (als ik met iemand een fles deel) een lekker koude Duvel. Afhankelijk van het menu kan een Victory Hop Devil IPA of een Schneider Weisse-tarwebier geschikt zijn. Bij een feestelijke gelegenheid vormt Sam Smith's Imperial Stout of Liefman's Kriek een prima begeleider van het dessert (vooral bij een nagerecht met chocolade). Iemand zin in kaas? Nu we er toch iets speciaals van maken, zullen we die barley wine of old ale maar eens aanbreken – Anchor Old Foghorn of, als ik in een extravagante bui ben, de twaalf jaar oude fles Thomas Hardy Ale.

Tot zover de combinatie van bier en voedsel. Soms heeft u gewoon zin in een biertje. Vergeet vooral niet dat bier gemaakt is om te drinken! Het is eigenlijk een eenvoudig genoegen, en hoewel sommige mensen uitsluitend de uitdagendste, zeldzaamste of sterkste bieren willen drinken, hoeft het zo niet te zijn. Dat standpunt voegt niets toe. Ik vind niet dat het genieten van bier begint en eindigt met de zeldzaamste, sterkste en wildste bieren die te vinden zijn. Dat is gewoon biersnobisme. Ik ben iemand die van bier in al zijn verschijningsvormen houdt en weet dat elk bier genoegen kan schenken, zelfs als dat genoegen uitsluitend bestaat uit het lessen van de dorst of het opwekken van de eetlust. Luister niet naar snobs en puristen – het is uw bier, drink het zoals u dat wilt. Bij bier kun je niet spreken van goed of fout. Ga af op uw gevoel en gezond verstand. Wilt u iets verfrissends, neem dan een laag alcoholisch lichtgekleurd bier. Voor iets stevigers zijn donkerder en sterker de sleutelwoorden. De kleur en de sterkte zeggen veel over de smaak. De kleur loopt van een zeer licht goud tot vrijwel zwart en de corresponderende smaak verloopt van een licht graanachtig karakter tot donkere, geroosterde smaken. De sterkte geeft een aanwijzing over de smaakintensiteit. Sommige zeer licht goudkleurige bieren hebben een alcoholpercentage van 9%, maar die drinkt u dan ook niet als dorstlesser. Niet alleen is de smaak daarvoor te intens, een dergelijke hoeveelheid alcohol moet ook rustig genoten worden en met respect worden behandeld. In dit boek is daarom een 'kleur-en-sterkteschaal' opgenomen voor elk bier; zo kunt u in een oogopslag zien wat voor soort bier het is. Natuurlijk geeft het geen indicatie wat betreft de smaaknuances, maar het is een nuttige grafische weergave om bieren snel te kunnen vergelijken.

bier kopen

Het kopen van interessante en smaakvolle bieren vereist, zoals voor alle specialistische producten geldt, enige vaardigheid. Tegenwoordig wordt alles steeds meer geautomatiseerd, wat vreemd genoeg een grotere tijdsdruk geeft, geen kleinere. Bier wordt tegelijk met de wekelijkse boodschappen ingeslagen, en aangezien supermarkten steeds meer bieren aanbieden, is dat nog niet zo'n slechte keuze. Toch zit er vast een bierspeciaalzaak of slijterij in de buurt, misschien in een achterafstraatje of weggestopt in een groot winkelcentrum. Het is een kunst om ze op te sporen; de beste ontdekt u meestal via via. Ga naar de beste biertent in de stad, vraag het bij de plaatselijke wijnhandel (hij weet het vast, in dat wereldje kent iedereen elkaar) of raadpleeg het internet en bezoek websites van bierspeciaalzaken.

Het lijkt een hele klus en dat is het ook. Ik kan u echter beloven dat het assortiment, de bediening en de algehele belevenis veel meer voldoening schenken dan het simpelweg kopen van bier in de supermarkt. Vroeger had elk dorp wel een speciaalzaak, maar de meeste zijn verdrongen door de supermarkten, die het hele productenscala verkopen. De winkels zijn verdwenen, en daarmee ook de expertise en passie voor het vak. Het zou doodzonde zijn als dat ook met bierspeciaalzaken en goed gesorteerde slijterijen zou gebeuren.

Bierspeciaalzaken kunnen u adviseren en handmatig een selectie naar uw smaak samenstellen.

Bierspeciaalzaken bieden een verbazingwekkend aantal merken.

bier bewaren

Er bestaan enkele bieren die mettertijd beter worden. De meerderheid van de gebottelde bieren is bedoeld om jong te drinken; lichtgekleurd bier loopt al vlug na het bottelen terug in kwaliteit en de hopsmaak is erg fragiel. Zelfs bieren met een uitgesproken hopsmaak verliezen hun kracht nadat ze een paar maanden zijn opgeslagen. Dat is niet erg, maar gewoonlijk geldt: hoe verser hoe beter. Uiteraard zijn er enkele uitzonderingen.

Aan bier 'op gist' zijn bij het bottelen een klein beetje verse gist en wat suiker toegevoegd, waardoor het bier in de fles nagist; dat voegt extra smaak en complexiteit toe. Dit bier is 'levend' – en wordt dan ook levend bier (Engels: *real ale*) genoemd. Afhankelijk van hun sterkte zullen deze bieren in de fles nog beter worden, hoewel hierbij twee belangrijke aspecten niet mogen worden vergeten. De eerste is dat middelsterk bier niet oneindig verbetert. Sommige sterke bieren (meer dan 9%) kunnen enkele jaren liggen en worden steeds beter, maar de meeste van de levende bieren zijn op hun best binnen een jaar na botteling. Ten tweede is het belangrijk om te onthouden dat het op gist bottelen een goed bier wel excellent kan maken, maar een slecht bier niet goed. En als het bier niet op de juiste manier op gist wordt gezet, kan deze methode een prima bier zelfs volkomen verpesten. Het is een misvatting dat levend bier het beste bier ter wereld is; er zijn volop geweldige bieren die gewoon gefilterd en gebotteld zijn.

bier serveren

Er zijn niet veel regels voor het serveren van bier, maar een belangrijke betreft de temperatuur. Als vuistregel geldt dat de serveertemperatuur dicht bij de temperatuur van de tweede vergisting moet liggen. Eenvoudiger gezegd: lagerbieren zo rond de 4 °C en ales rond de 13 °C. Heeft u liever koudere ale? Ga gerust uw gang, maar dan mist u wel een flink deel van de delicate aroma's. Wilt u uw lagerbier warmer drinken? Dan is er niet veel hoop meer voor u – ga terug naar de eerste bladzijde van dit boek en begin opnieuw.

Het is nuttig om te weten dat de vorm van het bierglas een grote invloed heeft op het aroma en ook op de smaak (want reuk en smaak zijn nauw verbonden). Niemand gelooft me als ik dit zeg. Haal maar eens een serie verschillende glazen (of koffiemokken, theekopjes) en probeer het uit. U zult versteld staan. Daarom houd ik ervan om het bij één type glas te houden, omdat ik hiermee een variabele in het bierproeven elimineer. Ik gebruik graag heel grote wijnglazen. Sommige bierpuristen winden zich hierover op omdat ze denken dat ik het puur voor de show doe. Dat is niet zo, ik waardeer de manier waarop de aroma's zich in een groot wijnglas ontplooien; daarnaast laat ik het bier graag walsen, en in zo'n glas is de kans dat het eroverheen gaat erg klein.

Er is een heel eenvoudige manier om bier te beoordelen: drink het! Tot op zekere hoogte is een bier goed als u het lekker vindt. Wilt u meer weten, gebruik dan ook uw andere zintuigen. Schenk het bier in een glas en houd het tegen het licht. Welke kleur heeft het? Die vertelt een heleboel over de smaak. Is het bier helder, mistig of wolkig? Hoort dat zo? Laat het bier walsen en ruik – wat vindt u ervan? Ruikt het aangenaam of mankeert er iets aan? Om het plaatje compleet te maken moet u het proeven. Concentreer u en bedenk hoe het voelt zodra het bier uw tong raakt – bevat het te veel koolzuur of is het vlak? Is het plakkerig of juist droog? Hoe is de structuur of het mondgevoel? Wat gebeurt er na het doorslikken? Hoe veranderen de smaken en hoelang blijven ze hangen? Doe het nog een keer en spoel het bier rond in uw mond, of zuig wat lucht door het bier naar binnen. Wilt u nog een slok? Nog een hele fles? Of (misschien niet in een keer) een heel krat?

Men vraagt vaak hoe ik bierkenner ben geworden en hoe het is om het leukste beroep ter wereld te hebben. Mijn standaardantwoord is dat het behalve de werktijden en de betaling het beste beroep ter wereld is. Maar terug naar de eerste vraag; de enige manier om veel over bier te leren is door het te drinken. Ik bedoel natuurlijk niet dat u heel veel van uw favoriete bier maar bier in de breedste zin moet drinken. Probeer altijd weer nieuwe bieren. Proef bieren die u normaliter niet zou drinken. Probeer elk onbekend bier dat u tegenkomt. Drink slecht, goedkoop bier en leg een belachelijk bedrag neer voor een zeldzaam en bijzonder bier. Train uw gehemelte door het te oefenen. Ik garandeer u dat het geld en de tijd die u erin stopt zich dubbel en dwars terugverdienen. U leert een van de eenvoudigste genoegens in het leven te waarderen – een glas bier – en uw waardering zal elk glas bier dat u drinkt verrijken.

Idealiter wordt een lagerbier tot consumptie koel bewaard.

Het wordt acceptabel gevonden als 5% van een glas bier uit schuim bestaat in plaats van uit vloeistof.

bier proeven

Er is verschil tussen het proeven van bier en het drinken ervan, maar dat verschil is niet zo groot. Het zou mooi zijn als iedereen altijd zijn volledige aandacht bij elke slok bier had, maar dat is niet zo. Ik probeer de eerst paar mondenvol altijd mijn volledige aandacht te geven, al is het maar om te controleren of alles in orde is en er niets aan mankeert.

Houd een paar dingen in uw achterhoofd als u het bierproeven in stijl wilt gaan doen. Zoals gezegd maakt de vorm van het proefglas enorm veel verschil voor hoe u het bier ervaart, houd u dus voor het proeven, indien mogelijk, aan een glas van een bepaald type en bepaalde vorm. Ik heb een voorkeur voor grote wijnglazen, maar elk kelkglas is goed. Het moet wel brandschoon zijn; afwasmachineschoon is niet goed genoeg omdat afzettingen op het glas in elk geval de schuimkraag zullen verstoren en in het ergste geval de smaak en geur van het bier beïnvloeden. Was de glazen met een sponsje en wat afwasmiddel, spoel ze grondig onder stromend water en wrijf ze zorgvuldig droog met een schone doek.

Het proeven zelf dient binnen te gebeuren. Hoewel het buitengewoon aangenaam is om in de openlucht een biertje te drinken, komen bieren daar niet optimaal tot hun recht. Zoek een helder verlichte plaats, liefst met daglicht, waar geen sterke geuren hangen (zelfs op basis van deze paar dingetjes ziet u al dat u geen bier kunt *proeven* bij de barbecue, u kunt het daar alleen *drinken*, waar overigens absoluut niets mis mee is). Schenk een kleine hoeveelheid in uw proefglas en houd het tegen het licht. Bekijk de kleur, de helderheid en de intensiteit. Vergelijk de kleur aan de buitenkant van het glas met die in het midden – de kernkleur. Laat het bier even walsen terwijl u het glas omhooghoudt en bekijk hoe het reageert en hoe de luchtbelletjes net onder het oppervlak zich gedragen – u wilt een gematigde pareling. De pareling en het gevoel van het bier op de tong zijn erg belangrijk voor uw beoordeling van bier, en toch wordt er maar weinig over gepraat.

Laat het bier echter, voordat u echt gaat proeven, nogmaals walsen en ruik eraan. Steek uw neus in de opening van het glas en snuif een paar maal oppervlakkig. U zult merken dat u meer ruikt als u uw mond licht geopend houdt, en door neus en mond tegelijk wat lucht naar binnen haalt. Het is moeilijk om al die complexe geuren te onderscheiden en te benoemen, maar het valt beslist te leren.

Hetzelfde geldt voor de smaak. Bier bevat een verbazingwekkend groot aantal smaken die in drie fasen te herkennen zijn: terwijl het bier de mond binnenkomt (de aanzet), langs het midden van het gehemelte gaat (de ontwikkeling) en nadat het is doorgeslikt (de afdronk). Gewoonlijk wordt zoetheid het eerst opgemerkt, omdat het grootste aantal papillen die gevoelig zijn voor zoet aan de voorkant van de tong zitten; bitterheid wordt daarentegen achter op de tong geproefd. Na het slikken ontstaat een nieuwe uitbarsting van smaak en geur die veranderen kan terwijl die aan het gehemelte blijft hangen. Deze sensaties volgen elkaar in hoog tempo op en zijn daardoor soms moeilijk te onderscheiden, maar ook hier geldt: oefening baart kunst.

Misschien wilt u wat aantekeningen maken van uw indrukken. Ik vind het zinvol, want wat op het moment van proeven een heerlijk en opmerkelijk bier was, is na een paar dagen niet meer dan een vage herinnering. Het hoeft geen heel verhaal te worden, maar wat trefwoorden over het alcoholpercentage, de kleur, de geur, de smaak en de afdronk helpen enorm om het bier te onthouden. Als u dit leuk vindt, zijn er online allerlei websites te vinden waar u uw bierrecensies kunt noteren (zie 'Aanbevolen literatuur', blz. 286).

Gebruik uw gezond verstand. De verleiding om te vallen voor zware, krachtige bieren die met armenvol hop en zakken mout zijn gebrouwen is groot. Die zijn niet per se onevenwichtig, maar sommige zijn misschien wel wat overladen. Ze zijn de haute couture van de bierwereld – erg indrukwekkend op de catwalk, maar totaal ongeschikt voor het dagelijks leven. Onthoud dat de grootste bieren niet noodzakelijk de beste zijn. Natuurlijk, ze zijn aantrekkelijk, maar persoonlijk houd ik het meest van bieren waar ik van tijd tot tijd naar terugkeer, en dat zijn echt niet uitsluitend zeldzame bieren en 'hopbommen'. De liefde voor bier is zoals bier zelf: het draait allemaal om gematigdheid.

De enige manier om de kleur van bier correct te beoordelen is bij daglicht.

Bij elk gerecht of hartig hapje past wel een bier, net als wijn. In dit boek geven we wat ongebruikelijke maar heerlijke combinaties.

bier & eten

Het combineren van bier en eten is een actueel onderwerp. Hoewel ik het leuk vind, kan ik niet zeggen dat ik een expert op dit gebied ben. Er bestaan vele boeken die hier dieper op ingaan dan wij hier doen. Toch zijn er enkele eenvoudige regels die een bier (en het eten) optimaal tot zijn recht laten komen. De drie regels zijn onderbreking, complement en contrast.

De onderbreking bestaat uit een bier dat het gehemelte neutraliseert. Sommige soorten eten passen hier goed bij – gekruide vette gerechten hebben vooral baat bij sterke India (of Imperial) Pale ales. Het vrijkomende koolzuur maakt het vet los van de tong en de hop schrobt en veegt uw mond schoon, waardoor hij weer fris is voor de volgende hap.

Het complement is een lastige. Het is gebaseerd op een combinatie van een smaak in het bier met een smaak in een gerecht. Duits weissebier past bijvoorbeeld goed bij een romige curry. Er is overeenkomst in textuur en smaak, maar niet zo veel dat ze elkaar nabootsen. Het is een delicaat evenwicht dat verstoord wordt wanneer het gerecht en het bier te veel op elkaar lijken. Het is zelfs zo – en dat kan raar klinken: hoe meer de smaken op elkaar lijken, hoe slechter de combinatie.

Het contrast is mijn favoriete techniek. Rijke romige risotto met een nootachtige bruine ale. Chocoladetaart met Belgisch kersenbier (kriek). Imperial stout met roomijs – eigenlijk is een van mijn absolute favorieten een sterke dikke imperial stout in een shotglas met een klein bolletje ijs erop. Het ziet eruit als een miniatuurglas Guinness en het voelt als witte satijn met zwart fluweel op de tong.

Dat is het, dit zijn alle adviezen met betrekking tot eten. Maar om u op weg te helpen wordt bij elke groep bieren in dit boek een bijpassend culinair advies gegeven. Dat is niet bindend, maar geeft een idee van hoe de smaken, texturen en sterkte van bier en eten op elkaar inwerken. Hier geldt hetzelfde als bij het leren kennen van bier: experimenteren is genieten. Voor zover ik weet passen sardines en zoete stout goed bij elkaar – er zijn eindeloos veel combinaties mogelijk, maak er gewoon iets leuks van. Maar als eerste smaakcombinatie en -sensatie stel ik tortillachips met verse salsa voor, een overheerlijke snack die geweldig smaakt met goudkleurige lagerbieren.

combinaties van bier en voedsel in een oogopslag

gerecht	bereiding	bier
rundvlees, varkensvlees	geroosterd of gebarbecued	India pale ale, American pale ale, brown ale
geroosterd varkensvlees	koud, in sandwiches	kölsch, weissebier
rundvlees, lamsvlees, kip	in een romige curry	tarwebier, India pale ale
koud vlees	in plakjes, broodbeleg of koude pasteitjes	pilsener, Engelse ale
vis en zeevruchten	gebakken of geroosterd, geserveerd met een kneepje citroen	pilsener, bitter
harde kazen	kaasplankje	barley wine, brown ale
pizza	met knoflookbrood en sla	pilsener, Weense (Vienna) lager

Vaak past lokaal bier prima lokaal voedsel, zoals dit pasteitje met de plaatselijke goudblonde ale.

lagerbier – wereldwijd bekend

Een man loopt een café binnen en bestelt een bier. Waarschijnlijk krijgt hij een lagerbier. Als u waar ook ter wereld om 'een bier' vraagt, krijgt u hoogstwaarschijnlijk een lagerbier. Deze biersoort komt van ver, zowel geografisch als qua stijl. Lager (waarmee we tegenwoordig elk bier bedoelen dat alleen gebrouwen is van water, mout, hop en ondergistende gist) was oorspronkelijk een donker bier; de mouttechnologie en technieken lieten het maken van een lichtgekleurd bier nog niet toe. De meeste mout werd bruin of zwart geroosterd, waardoor het bier ook donker werd.

Het oorspronkelijk Duitse woord *lager* betekent 'lageren, opslaan'. Het aloude verhaal over in berggrotten opgeslagen bier dat maanden later heel veel lekkerder weer tevoorschijn kwam, betreft het ontstaan van de techniek van het lageren. Dit is feitelijk een langdurige trage vergisting waarin de gist langzaam de fermenteerbare suikers in het bier omzet. Door de traagheid en de duur van dit proces ontstaan de verfrissende, pure smaken in een goed lagerbier – de beste zwarte lagerbieren hebben ook een zachte, pure frisheid. Door een snellere vergisting, of door op hogere temperaturen te vergisten, ontstaan allerlei fruitige florale (bloemachtige) smaken. Die zijn heerlijk in een ale, maar horen niet in een klassiek lagerbier.

Het maken van een goed lagerbier kost tijd – minstens weken en mogelijk zelfs maanden. Er is geen manier om de tijd te bekorten, geen vervanging voor het lange, trage lagerproces. Elk snel geproduceerd lagerbier zal op een of ander punt onvolmaakt zijn. Daaruit volgt niet dat elk snel of grootschalig geproduceerd lagerbier slecht is, maar het is wel zo dat een lange trage productiewijze gewoonlijk resulteert in een lekkerder bier. Kort gezegd: voor iets meer geld heeft u veel meer smaak.

De klassieke stijl van een goudkleurig lagerbier is pilsener. Traditioneel wordt pilsener gemaakt van lichtgekleurde mout, ondergistende gist en voor een extra authentiek tintje met een edele hop (Saaz, Hallertau, Tettnanger en Spalt). Deze hopsoorten leveren aroma zonder overmatig bitter te zijn. Het resulterende bier houdt het midden (niet te licht en niet te zwaar) tussen zoete, lichtgekleurde mout en droge, zachtbittere hop. Zo hoort een goede pilsener te zijn. Het is niet alleen een geel en bruisend bier; het is een bierstijl die aan een nauw omschreven oertype voldoet en sterk aan tijd en plaats is gebonden. Natuurlijk zal elk lagerbier uw dorst lessen op een hete dag, maar het laat u niet ontspannen en van het moment genieten zoals een goede pilsener doet.

pilsener

Pilsener of pils is de klassieke vertegenwoordiger van het hedendaagse goudkleurige, schuimende lagerbier. De hier afgebeelde bieren zijn uitstekende vertegenwoordigers hiervan. Ze zijn gebaseerd op de eerste goudkleurige lagerbieren die in de Tsjechische stad Plze (Pilsen, vandaar pilsener) werden gebrouwen. Het zijn lichte bieren die een zachte, malse rondheid hebben, gevolgd door een droge en zachtbittere hopafdronk. Droge hoppige pilseners zijn prima aperitiefbieren en passen bij vrijwel elk gerecht.

De schilderachtige Pilsner Urquellbrouwerij in Tsjechië.

🇩🇪 Jever Pilsener

Het sterk grassige aroma van deze zeer licht gekleurde pilsener doet denken aan katten, of zelfs stinkdieren. Het is namelijk een zeer goed gehopt lagerbier; het geeft slechts een voorbijgaande smaakimpressie van blonde mout voor de droge hoppige bitterheid van de afdronk toeslaat. Aangenaam puur.

Serveren bij: stevige hapjes – ham, salami of garnalentempura met een kneepje citroen

Land: Duitsland
Alc.: 4,9%; serveertemp.: 9-10 °C

🇨🇿 AB-Inbev Staropramen

Staropramen heeft een mooie gebrand gouden kleur en een aantrekkelijk aroma – pilsmout, een gistige kruidigheid met een vleug citrus (grapefruit?). Qua smaak een schoolvoorbeeld van een pilsener – zoete blonde mout gevolgd door een zachtbittere Saazhopsmaak. Zeer evenwichtig.
Land: Tsjechië
Alc.: 5%; serveertemp.: 9-10 °C

🇩🇪 Schönram Pils

Een vaalgouden pilsener met een aantrekkelijk graanachtig aroma van lichtgekleurde mout met een toets van pittige hop. In de mond is de hop geprononceerder, hoewel nog steeds in balans. In de droge afdronk komt de hopsmaak nog sterker naar voren in een bitterheid die lang blijft hangen.
Land: Duitsland
Alc.: 5%; serveertemp.: 9-13 °C

🇨🇿 Zatecky Pivovar Zatec

Deze goudkleurige pilsener heeft een goede smaakdiepte en een complexe smaak. Hoewel de geur niet veel onthult, heeft dit bier een prettige graanachtige zoetheid, en de afdronk verloopt elegant van een moutige zoetheid naar een vaag stroeve, bittere droogte.
Land: Tsjechië
Alc.: 4,6%; serveertemp.: 9-10 °C

🇩🇪 Dinkelacker-Schwaben Meister Pils

De in dit bier gebruikte Tettnanghop geeft het aroma een kruidige noot. Na een lichte zoetheid in de ontwikkeling ontstaat daardoor een droge grassige toets in de aantrekkelijk bittere afdronk.
Land: Duitsland
Alc.: 4,9%; serveertemp.: 7-9 °C

lagerbier – wereldwijd bekend

Budweiser Budvar

Dit bier is letterlijk een nationaal instituut in Tsjechië; de staat is deels eigenaar van de brouwerij. Dit bier heeft een grassig hoparoma en een aantrekkelijk graankarakter in de neus. De smaak houdt het midden tussen verfijndheid en robuustheid.

Serveren bij: gekookte ham of gebakken vis, maar ook lekker op zichzelf
Land: Tsjechië
Alc.: 5%; serveertemp.: 7-9 °C

Plzensky Prazdroj Pilsner Urquell

Aan het aroma van deze klassieke vaalgouden pilsener zit een vleug Saazhop die ondersteund wordt door wat graanachtige mout. Dit bier is zacht en gerond van smaak. De zachte vanillesmaak bij het doorslikken maakt langzaam plaats voor een droge, gebalanceerde bitterheid.
Land: Tsjechië
Alc.: 4,4%; serveertemp.: 7-9 °C

Brauerei Hirt Hirter Privat Pils

Niet alleen flitsende bieren zijn geweldig; Hirter Privat Pils is hiervan een goed voorbeeld. Een vaalgouden lagerbier met een zacht graanachtig aroma, aangenaam mals bitterzoet van smaak en een zachte, drogende middellange afdronk. Een goed gebrouwen klassiek bier.
Land: Oostenrijk
Alc.: 5,2%; serveertemp.: 8-9 °C

Stieglbrauerei Stiegl Bier

In het aroma van lichtgekleurde mout heeft dit middelgoudkleurige lagerbier een aantrekkelijke graanachtige geur. In de ontwikkeling is dit bier verrassend vol; het heeft een goede, ronde moutsmaak – betrekkelijk zoet, licht mals en met wat aangename hoptoetsen in de afdronk.
Land: Oostenrijk
Alc.: 4,9%; serveertemp.: 8-9 °C

Heineken Krusovice Imperial

In het aroma van dit bier herkennen we een lichte vleug vanille. Op de tong krijgt de graanachtige smaak een lichte romigheid en de smaak wordt gedomineerd door een zoetige lichtgouden mout. In de ronde en evenwichtige afdronk bouwt zich een licht bittertje van de hop op.
Land: Tsjechië
Alc.: 5%; serveertemp.: 8-9 °C

Historische brouwerij in Pilsen, Tsjechië.

Een man uit Beieren geniet van een grote pul verfrissend bier.

🇩🇪 Warsteiner Premium

Duitsland heeft weinig nationale bieren, maar dit is er een. Een neus van lichtgekleurde geroosterde mout en een beetje pit van de hop; een zachte, malse zoetheid in de ontwikkeling en een zacht bittertje in de lange afdronk.

Serveren bij: lichte voorgerechten en geschikt als allround appetizer

Land: Duitsland
Alc.: 4,8%; serveertemp.: 7-9 °C

🇨🇿 Rakovnik Bakalar Premium

Hoewel dit bier niet de verfijndheid heeft van andere Tsjechische bieren, heeft dit middelgoudkleurig lagerbier een gemoedelijke ruwheid. Een neus van vanille en appel. Een dominerende zoetige smaak van lichtgekleurde mout, maar de hop brengt aan het einde alles weer in balans.
Land: Tsjechië
Alc.: 5%; serveertemp.: 8-9 °C

🇩🇪 Rothaus Pils

Hoewel deze lekkere pilsener niet de hoppige hoogten van de andere bereikt, is een frisse citroenachtige toets steeds merkbaar. Een lichte kauwgomachtige toets in de neus, een bittere hopsmaak en een zoetige afdronk met zowel een moutachtig zoetje als een grassig hopbittertje.
Land: Duitsland
Alc.: 5,1%; serveertemp.: 7-9 °C

🇩🇪 Kulmbacher Monchshof Landbier

Duitse bieren kennen veel variaties op een basisbierstijl; landbier is daar een van. Dit bier heeft een pittig, grassig aroma; een toets van geroosterd graan, een middelzoete smaak en een frisse, grassige afdronk. Eenvoudig maar aangenaam..
Land: Duitsland
Alc.: 5,4%; serveertemp.: 9-10 °C

🇩🇪 Furstenberg Export

Furstenberg is een lichtgoudkleurig lagerbier met een klassieke balans die meer is dan de som der delen. Het graanachtige aroma heeft een vage hint van oranjebloesem en de pure, frisse, bitterzoete smaak eindigt met een toets van zuurtjes.
Land: Duitsland
Alc.: 5,3%; serveertemp.: 7-9 °C

lagerbier – wereldwijd bekend

'new wave' pilsener

Op deze dubbele bladzijden staan wat minder gebruikelijke pilseners – inderdaad vallen sommige bijna buiten deze groep. Birrificio Italiano Tipopils is mistig en gistig, wat pilspuristen niet bepaald waarderen; 'echte' pilsener is helder en goudkleurig. De kleur van Prima Pils zal geen probleem zijn, maar de frisse citroenachtige aroma's zijn dat mogelijk wel. De grote hoeveelheid hop in Christoffel Blonde is voor pils zoiets als een lucifer in een doos vuurwerk gooien.

Na een zware werkdag op het land in Pennsylvania biedt een Victory een volmaakte verfrissing.

🇮🇹 Birrificio Italiano Tipopils

Het opmerkelijk frisse aroma in deze mistig goudkleurige pilsener is op zich een traktatie: lichtgekleurde mout, geroosterd graan, vers brood, grassige hop en een vleug citroen. De malse bitterzoete smaak heeft bovendien een geweldige textuur en de bittere broodachtige afdronk vraagt om meer. Ongefilterd, ongepasteuriseerd, onverslaanbaar.

Serveren bij: bruschetta of crostini, pizza of eenvoudige pastagerechten
Land: Italië
Alc.: 5,2%; serveertemp.: 8-10 °C

🇺🇸 Victoria Prima Pils

Dit lichtgoudkleurige lagerbier is iets heel speciaals. De neus met frisse citroenschil heeft een heerlijk edel hopkarakter met wat vanilletoetsen. De alomtegenwoordige lichtgekleurde mout wordt aangevuld met zachtbittere hop en meer citrusschil. In de afdronk een hint van grapefruit. Lekker!
Land: Verenigde Staten
Alc.: 5,3%; serveertemp.: 9-10 °C

➕ Samuel Smith's Pure Brewed Lager

Hoewel de beroemde Samuel Smiths vooral bekendstaan om hun ales, maken ze ook goede lagerbieren. Deze heeft een aangename verfijning, ergens tussen een kölsch en een pilsener, met een hint van citrus in de neus, een frisse, pure smaak en een zuivere evenwichtige afdronk.
Land: Engeland
Alc.: 5%; serveertemp.: 4-8 °C

🇺🇸 Gordon Biersch Pilsner

Deze pilsener van een in klassieke Duitse bieren gespecialiseerde brouwerij heeft een zachte graanachtige neus met een toets van citroenachtige hop; een volle zachtzoete smaak en een afdronk met het klassieke evenwicht tussen zoet en droog. Mout en citroenachtige hop blijven lang hangen.
Land: Verenigde Staten
Alc.: 5,3%; serveertemp.: 9-10 °C

Christoffel Blonde

Dit onschuldig uitziende bier heeft een heerlijk, harsachtig, pittig aroma dat prima op zijn plaats zou zijn in een Amerikaanse pale ale. De smaak wordt gedomineerd door een bittere (maar ietwat malse) Saazhop, hoewel er een ondertoon van zoete mout in de wrange, bittere afdronk zit.
Land: Nederland
Alc.: 6%; serveertemp.: 8-10 °C

lagerbier – wereldwijd bekend

lagerbier in pilsenerstijl

Pilseners zijn de klassieke vorm van de lagerstijl. Pilsenerstijl lagerbieren vallen grofweg in dezelfde categorie, maar missen de vereiste body en intensiteit om er helemaal bij te horen. Daarmee zijn het niet meteen slechte bieren; ze zijn alleen geschikter als dorstlesser onder de vakantiezon of als gezelschapsdrank in een nachtelijke uitgaansgelegenheid. Het leven is inderdaad te kort om saai bier te drinken, maar omgekeerd geldt ook: niet elk bier dat u drinkt hoeft een wereldschokkende klassieker te zijn.

Koperen beslagkuip voor het brouwen van lagerbier in pilsenerstijl.

🇳🇱 Heineken Export

Laten we eerlijk zijn: Heineken is beslist niet het beste bier ter wereld. Maar het heeft een milde graanachtigheid, een hint van citroen en een zachte droge hopsmaak die op de juiste plaats en tijd nauwelijks te overtreffen zijn. Een macro-brouwsel, maar wel een van de betere.

Serveren bij: er hoeft niets bij, maar dit bier combineert goed met chips, en salsa met tortilla-chips

Land: Nederland
Alc.: 5%; serveertemp.: 4-8 °C

🇳🇱 Lindeboom Pilsener

Lindeboom is vaalgoud van kleur en heeft de voor klassiek lagerbier kenmerkende zoete maïstoets onder het aroma van lichtgekleurd graan, en een delicate hoptoets. Levendig in de ontwikkeling en met een fijn bittertje in de afdronk, dat ook een aangename citroenachtige prikkeling heeft. De afdronk is knapperig en droog.
Land: Nederland
Alc.: 5%; serveertemp.: 7-9 °C

🇦🇺 Hahn Premium

Hoewel grootschalig geproduceerde bieren vaak minder van kwaliteit zijn, paart dit lichtgouden, verfijnde bier in pilsenerstijl zachte mout aan een grassige bitterheid die van de Hersbruckerhop komt. Dit is een Australisch lagerbier met een duidelijk Duits accent.
Land: Australië
Alc.: 5%; serveertemp.: 2-5 °C

🇬🇷 Mythos Mythos

Een vakantiebier bij uitstek. Onder de Helleense zon smaakt het floraal en honingachtig met een goed gebalanceerde bitterheid in de afdronk; elders is het nog steeds een prima, goed gestructureerd lagerbier met een lekker pilsachtig bittertje in de afdronk.
Land: Griekenland
Alc.: 4,7%; serveertemp.: 2-5 °C

🇦🇹 Gösser Export

Dit aantrekkelijke lagerbier heeft een hint van aan de hop ontleende citroensorbet. Een graanachtige neus en een aangename prikkelende smaak. De afdronk is eerst droog en citroenachtig, waar later een hint van geroosterd nootachtig graan doorheen komt.
Land: Oostenrijk
Alc.: 5,2%; serveertemp.: 7-9 °C

lagerbier – wereldwijd bekend

🇨🇱 Kross Pilsner

Het is dan wel geen pilsener, maar de neus van dit goudkleurige lagerbier heeft een aantrekkelijke toets van bloemen en citrusfruit. Een beetje graanachtige zoetheid verschijnt kort in de ontwikkeling voor de hop toeslaat. Meer toetsen van bloemen en citrusfruit in de droge afdronk. Verbazingwekkend lekker.

Serveren bij: ceviche, gerookte makreelpaté of geroosterd zeebanket met een kneepje citroen
Land: Chili
Alc.: 4,9%; serveertemp.: 7-9 °C

🇸🇪 Krönleins Crocodile

Hoewel de op het etiket afgebeelde, meer dan tien jaar oude medaille een beetje een 'overjarige' indruk maakt, is het beslist een geslaagd bier. Door de geur en de smaak van dit middelgoudkleurige lagerbier loopt een aantrekkelijke ongecompliceerde toets van citroensorbet en pijnboomnaalden.
Land: Zweden
Alc.: 5,2%; serveertemp.: 7-9 °C

🇪🇸 Alhambra 1925 Reserva

Dit kopergoud gekleurde bier met een assertieve neus van geroosterde mout, honing en een geronde fruitigheid heeft een zoetige smaak die met een lichte medicinale hint en meer geroosterd graan opdroogt. Dit is een door en door lekker bier.
Land: Spanje
Alc.: 6,4%; serveertemp.: 7-9 °C

🇫🇷 Pietra Pietra

De middelgoudkleurige Pietra heeft een graanachtig aroma gelardeerd met wat herfstige kruidigheid. Een aantrekkelijke stevigheid in de body en een bijna rokerige hint in de smaak. De afdronk is droog met een nootachtig karakter, misschien afkomstig van het bij de vergisting gebruikte kastanjemeel.
Land: Frankrijk
Alc.: 6%; serveertemp.: 7-9 °C

🇪🇸 Moritz Moritz

Op het moment dat ik dit schrijf is er veel te doen rondom dit merk, waaronder het bouwen van een brouwerscafé in Barcelona. Dit lichtgekleurde bier is aantrekkelijk licht maar niet vlak van smaak; een zacht karakter van citroensorbet dringt door in dit heldere, zuivere en frisse lagerbier.
Land: Spanje
Alc.: 5,5%; serveertemp.: 7-9 °C

Biervaten voor opslag en transport van lagerbier en ander vatbier.

Rijen hop in Nieuw-Zeeland.

Monteith's Nieuw-Zeeland Lager

Dit middelgouden lagerbier heeft in het aroma een hint van karamel en rijpe appels. De smaak heeft een graanachtige zoetheid van mout en de afdronk een goede fruitsmaak (meer gele appel) die in de afdronk droog en zachtbitter wordt. Een goed bier, misschien zelfs meer dan dat.

Serveren bij: gek genoeg passen gemarineerde artisjokharten met brie hier prima bij
Land: Nieuw-Zeeland
Alc.: 5%; serveertemp.: 7-9 °C

Heineken Zagorka Special

In de neus van dit Bulgaarse lagerbier is een vleug van zuurtjes en ook een zekere koppigheid (muntachtig?). In de mond gaat de onverwachte fruitigheid verder met rijpe appels en een hint van vanille. De zoetige afdronk zou een bittertje kunnen gebruiken. Ongewoon, maar goed.
Land: Bulgarije
Alc.: 5%; serveertemp.: 7-9 °C

Sapporo Premium

In de neus is een toets van lichtgekleurde mout merkbaar en fruitige esters geven onder de pittige hop een vluchtige impressie van rijpe gele appels. De ontwikkeling is tamelijk vol met een bijna olieachtige textuur. De afdronk is eerst zoet en wordt langzaamaan droger.
Land: Japan
Alc.: 4,7%; serveertemp.: 7-9 °C

Krakus Zywiec

Dit van de Krakusbrouwerij afkomstige Poolse bier heeft een uitgesproken graanaroma. De zoete smaak heeft een aangename zwaarte en een bijna olieachtig karakter. In de bitterzoete afdronk een hint van butterscotch en banaan. Een duidelijk commercieel bier, maar niets ten nadele ervan.
Land: Polen
Alc.: 5,6%; serveertemp.: 7-9 °C

Taybeh Golden

Dit bier bewijst dat lekker bier vrijwel overal kan worden gebrouwen (hoewel de hier verkochte Taybeh in België wordt gebrouwen). Een goudkleurige lager van mout met een grassige hoptoets, iets fruitig (rijpe appels) en een pure afdronk. Hoewel onlogisch, organiseren ze jaarlijks een oktoberfeest.
Land: Palestina
Alc.: 5,5%; serveertemp.: 7-9 °C

lagerbier – wereldwijd bekend

🇦🇺 Carlton & United Victoria Bitter

'VB' is een bier dat veel trouwe aanhangers kent. Hoewel het geen bitter in Engelse stijl is, heeft het een om een kern van lichtgekleurde mout gewikkelde aantrekkelijk knapperige hopsmaak. Heel weinig zoet en een behoorlijk lange, droge afdronk. Een eerlijk bier.

Serveren bij: drink het, net als de plaatselijke bewoners doen, terwijl de garnalen op de barbecue liggen te sissen

Land: Australië
Alc.: 4,8%; serveertemp.: 7-9 °C

🇮🇹 Peroni Nastro Azzurro

Misschien drijft dit bier meer op zijn Italiaanse stijl dan op zijn ingrediënten. Zijn populariteit is groeiende – het is een goed voorbeeld van een commercieel mediterraan lagerbier. Een zuivere graanachtige neus met een hint van vanille; de lichte, ietwat stroeve afdronk heeft een aantrekkelijk wrang bittertje.
Land: Italië
Alc.: 5,1%; serveertemp.: 7-9 °C

🇩🇪 Hacker-Pschorr Münchner Gold

De bieren van deze brouwerij hebben iets unieks. Zelfs dit betrekkelijk nederige exportlagerbier heeft een heerlijke tintelende helderheid, van het zacht graanachtige aroma tot de droge afdronk, die een hint van geroosterd graan bevat.
Land: Duitsland
Alc.: 5,5%; serveertemp.: 7-9 °C

🇧🇪 AB-Inbev Stella Artois

Het is moeilijk om objectief te blijven over zo'n alomtegenwoordig merk. Het origineel is respectabel genoeg. Lichtgoud, met een evenwichtige neus (zoete mout en hop, beide herkenbaar), een geronde smaak en een middellange pittige afdronk. Elders gebrouwen versies kunnen afwijken.
Land: België
Alc.: 5,2%; serveertemp.: 7-9 °C

🇳🇱 Grolsch Grolsch Premium

Dit is mogelijk het enige in het buitenland verkrijgbare Grolschbier (behalve misschien hun uitstekende weizen). Dit eerlijke goudkleurige lagerbier heeft alle eigenschappen van pils – een zacht grassig aroma, zoetig moutachtig en een zacht bittertje in de afdronk.
Land: Nederland
Alc.: 5%; serveertemp.: 7-9 °C

Traditionele Duitse bierkroes voor feestelijke gelegenheden.

De Horseshoewatervallen in Tasmanië, de zuivere waterbron voor James Boag's Premium.

🇦🇺 James Boag's Premium

Dit goudkleurige bier heeft een aroma van mout en granen; sommigen vinden dat heerlijk, andere hebben er wat moeite mee. Het zou jammer zijn om het niet te proberen, want dit bier heeft een heerlijk lichte ietwat florale smaak en in de afdronk vinden we een droge, luchtige frisheid.

Serveren bij: bij dit verfijnde bier past het gebruikelijke snackbarvoedsel
Land: Australië
Alc.: 5%; **serveertemp.:** 7-9 °C

🔴 Asahi Dry

Asahi is in Japan zo groot dat het geen echte 'thuisbrouwerij' heeft; hun brouwerijen staan her en der in Japan en overal ter wereld hebben ze contractbrouwerijen. Mijn in Groot-Brittannië gebrouwen exemplaar heeft een lichte moutachtige zoetheid en een gebalanceerde, droge hopsmaak.
Land: Japan
Alc.: 5%; **serveertemp.:** 7-9 °C

🇪🇸 Mahou Cinco Estrellas

Hoewel dit bier zich in zijn goudkleurige verschijningsvorm en graanachtige aroma nauwelijks onderscheidt van andere bieren, heeft het toch een zwaarte in de smaak die het bijzonder maakt. Het heeft een robuuste wrangheid met een bijna nootachtige toets. De afdronk is aangenaam bitter.
Land: Spanje
Alc.: 5,5%; **serveertemp.:** 7-9 °C

🇫🇮 Hartwall Lapin Kulta

Dit vaalgoudkleurige bier uit Lapland heeft een zacht graanaroma dat tot een middelzware, lichtzoete smaak leidt. Het heeft een prettige zwaarte en prettig mondgevoel en de afdronk is helder met wat grassige bitterheid in de nasmaak.
Land: Finland
Alc.: 4,5%; **serveertemp.:** 7-9 °C

🔴 Kirin Ichiban

Gebrouwen volgens de Ichiban Shiborimethode, waarbij alleen de 'eerste persing' van het wort wordt vergist. Dit levert vreemd genoeg geen sterk moutachtig bier op, maar een gerond gouden lagerbier met een vleugje citrushop in de afdronk.
Land: Japan
Alc.: 5%; **serveertemp.:** 7-9 °C

lagerbier – wereldwijd bekend

aziatische lagerbieren

Deze lagerbieren (misschien geldt het minder voor Tiger) hangen als groep samen doordat er rijst in is verwerkt. Het is niet ongewoon om een ander graan dan gerst (mout) als bron voor vergistbare suikers te gebruiken. In deze bieren is de licht zoete, bijna geparfumeerde toets van de rijst erg duidelijk. Ooit was de term 'adjunct' synoniem met 'goedkoop', maar tegenwoordig is dat niet meer zo. Deze brouwerijen gebruiken rijst vanwege de specifieke smaak, niet vanwege de kosten.

Biervaten in een oude Chinese brouwerij.

🇨🇳 Tsingtao Tsingtao

Met rijst openlijk in de ingrediëntenlijst is de suggestie dat je het ook kunt ruiken moeilijk te vermijden. Misschien zit het in het licht florale, honingachtige aroma, of de vage toets van jasmijnthee op de tong. Hoe dan ook, dit met Laotiaanse rijst gebrouwen lagerbier hoort er beslist bij.

Serveren bij: dit bier smaakt het lekkerst bij niet al te zoete gerechten.

Land: China
Alc.: 4,7%; serveertemp.: 9 °C

🇱🇦 Lao Brewery Beer Lao

Beer Lao heeft een ietwat ondefinieerbaar maar duidelijk Aziatisch karakter. Misschien komt dat door het licht florale, bijna stroeve, honingachtige aroma, of door de lichtzoete toets van jasmijnthee in de smaak. Dit bescheiden, goudkleurige lagerbier heeft in elk geval een kenmerkend plaatselijk accent.
Land: Laos
Alc.: 5%; serveertemp.: 7-9 °C

🇹🇭 Singha Premium

Momenteel zijn er twee versies van dit vaalgouden bier op de markt. De sterkere versie is zo goed als altijd en heeft een stevige moutachtige body en een geparfumeerde afdronk van florale hop. De 5%-versie is goed genoeg, hoewel wat slapper en minder assertief.
Land: Thailand
Alc.: 5%; serveertemp.: 9 °C

🇹🇭 Chang Export

Zonder meer een van de klassieke lagerbieren uit dit gebied. Een vaalgouden lagerbier met een licht florale, honingachtige toets in de neus en een heldere, tamelijk frisse ontwikkeling, waarbij enkele toetsen van bloemen door de lichtbittere afdronk heen schijnen. Drink het op een zonnig strand!
Land: Thailand
Alc.: 5%; serveertemp.: 7-9 °C

🇸🇬 Asia Pacific Tiger

De verfijnde zoetheid van lichtgekleurde mout, een licht bittertje en de ietwat broodachtige afdronk van Tigerbier passen volmaakt in de hitte en de vochtige lucht van Singapore. Dit openlijk commerciële en niet al te uitgesproken bier is een boegbeeld voor zijn thuisland.
Land: Singapore
Alc.: 5%; serveertemp.: 2-4 °C

lagerbier – wereldwijd bekend

'un-lager'

Dit is een bedachte categorie van lagerbieren, want ze zijn allemaal ietwat afwijkend. De eerste twee zijn ongefilterd – feitelijk dus gewolkte bieren. Hierdoor krijgen ze een smaakdiepte en misschien een ietwat vollere body dan hun gefilterde evenknieën. Keo is ongepasteuriseerd en smaakt daardoor wat levendiger. Zowel Svaneke Sejlor Øl als Kasteel Cru is vergist met champagnegist, een ongewoon ingrediënt dat ze bijzonder lekker maakt.

In alle rust genieten van een glas lagerbier hoort bij de Europese cafécultuur.

🇦🇹 Schremser Roggen Bio Bier

In dit koperkleurig en vrij mistige bier heeft de neus de graanachtigheid van een lagerbier gecombineerd met de fruitige pittigheid van een tarwebier. Qua smaak is de fruitigheid van weissebier duidelijk (banaan, rijpe appel) samen met wat vage specerijen (foelie?). De afdronk is zacht, gerond en fruitig. Biologisch bier, ongefilterd.

Serveren bij: met honing geroosterd varkensvlees en spätzle

Land: Oostenrijk
Alc.: 5,2%; serveertemp.: 9-10 °C

🇨🇿 Bernard Kvasnicove Svetly Lezak

'Kvasnicove' betekent een gewolkte pilsener. Het bier moet ongefilterd bijven, maar sommige fabrikanten filteren het wel en voegen de gist later weer toe. Bernard doet het juiste, waardoor een licht mistig lagerbier ontstaat met een gistachtige kruidigheid en de vitaliteit kenmerkend voor een goede Engelse ale.

Land: Tsjechië
Alc.: 5,1%; serveertemp.: 9 °C

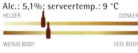

🇫🇷 Coors Kasteel Cru

De neus van dit zeer licht gekleurde lagerbier heeft een aantrekkelijke wrangheid, die herinnert aan de zurige toets in een lambiek. In de smaak domineert een citroenachtige droogte; er is weinig moutkarakter, goed voor een knapperige beet in de droge afdronk. Een lekker, tintelend bier.

Land: Frankrijk
Alc.: 5,2%; serveertemp.: 4-6 °C

Keo Keo

Dit Cypriotische bier is ongepasteuriseerd, waardoor een bepaalde verfijndheid bewaard is gebleven die andere bieren van dezelfde sterkte eenvoudig ontberen. Het aroma heeft een vage toets van honing, de smaak een vage hint van bloemen. Een droge korte afdronk. Geen wereldveroveraar, maar lekker genoeg.

Land: Cyprus
Alc.: 4,5%; serveertemp.: 7-9 °C

🇩🇰 Svaneke Sejlor Øl

Toen ik de brouwer van Svaneke ontmoette, vroeg ik hem naar zijn lievelingsbier in het assortiment. Hij pakte zonder aarzelen dit lichte en smakelijke frisse lagerbier, dat een extra dimensie kreeg door wat champagnegist. Hij had volkomen gelijk – een echte traktatie.

Land: Denemarken
Alc.: 3,3%; serveertemp.: 7-9 °C

lagerbier – wereldwijd bekend

helles & helles bock

Onlangs was ik in een bierspeciaalzaak en zag twee klanten lachend naar het etiket wijzen van de Andechs Spezial Hell. 'Dat koop ik niet', zei een van hen, 'dan ga je regelrecht naar je eigen speciale hel'. Natuurlijk, als je er maar genoeg van drinkt, gebeurt dat vanzelf, maar *hell* is geen waarschu-wing, het is een omschrijving – Duits voor 'lichtgekleurd'. Een helles bock betekent een sterker bier – verderop zullen we meer doppelbockbieren tegenkomen.

Een menigte drinkende bierliefhebbers op het Duitse Oktoberfest.

🇩🇪 Hacker-Pschorr Superior Festbier

Naast het gebruikelijk graanaroma is een lichte toets van toffee aanwezig in dit goudkleurige lagerbier. De smaak is behoorlijk krachtig, het bier heeft een bijna boterachtige textuur en een middelmatige body in de afdronk met een vage karamelsmaak en een vleugje alcoholwarmte.

Serveren bij: gebraden varkenskoteletten met gesmoorde uien

Land: Duitsland
Alc.: 6%; serveertemp.: 7-9 °C

🇩🇪 Trunk Vierzehnheiligen Silberbock Hell

Een helder goudkleurig bier met een malse zoetheid. Het aroma is vol lichtgekleurd graan met een hint van butterscotch en zuurtjes (niet geheel passend bij de stijl, maar aantrekkelijk). Een licht plakkerig mondgevoel met een heerlijk geronde zoetheid die zich in de afdronk ontwikkeld.
Land: Duitsland
Alc.: 6,8%; serveertemp.: 7-9 °C

🇩🇪 Paulaner Original Münchner Hell

Het zachte ronde karakter van deze verfijnde hell heeft veel liefhebbers. Het zachte moutaroma heeft slechts een vage hint van de hopzak. De lichte body heeft een zoet, ietwat mals karakter. In de middeldroge afdronk is weinig bitter merkbaar.
Land: Duitsland
Alc.: 4,9%; serveertemp.: 9 °C

🇩🇪 Andechs Spezial Hell

Zelfs de betrekkelijk gewone bieren van deze uitstekende brouwerij zijn enigszins 'spezial'. De vaag mistige goudkleur oogt weldadig en het aroma van zoete lichtgekleurde mout heeft een aantrekkelijke fruitigheid (rijpe appels). Gerond in de mond met een bitterzoete afdronk.
Land: Duitsland
Alc.: 5,9%; serveertemp.: 7-9 °C

🇩🇪 Dinkelacker-Schwaben Privat

In eerste instantie lijkt dit een minder interessant bier. Het aroma is misschien wat te graanachtig om aan te spreken, maar de middeldroge ontwikkeling en de afdronk met zijn wrange hopbittertje maken het enigszins goed.
Land: Duitsland
Alc.: 5,1%; serveertemp.: 5-7 °C

lagerbier – wereldwijd bekend

märzen/oktoberfest

Als u een biertje drinkt terwijl u dit leest, moet u het misschien maar even neerzetten, want dit is tamelijk ingewikkeld. Märzenbieren worden traditioneel voor het Münchener Oktoberfest gebrouwen. Ze worden in maart (Duits: *März*) gebrouwen en vergisten langzaam. Vervolgens worden ze gebotteld of in vaten opgeslagen voor de consumptie in september. Inderdaad, het Oktoberfest begint in september. Volgt u het nog? Prima. Märzen zijn traditioneel kopergoudkleurig, robuust moutachtig en hebben een licht ondersteunend hopkarakter.

Een Beierse vrouw in traditioneel kostuum verkoopt *Lebkuchenherzen* op het Oktoberfest.

🇩🇪 Hacker-Pschorr Oktoberfest Märzen

Het echte märzenbier voor het Oktoberfest lijkt uit de mode, maar Hacker-Pschorr blijft volhouden met dit prachtig koperkleurige bier. Het assertief moutachtige aroma heeft een toets van karamel. De smaak heeft veel body en is middelzoet met een droge nootachtigheid in de afdronk.

Serveren bij: Bratwurst met Sauerkraut of, bij grote trek, een klassiek zuurkoolgerecht

Land: Duitsland
Alc.: 5,8%; serveertemp.: 7-10 °C

🇩🇪 Rothaus Märzen

Dit levendige goudkleurige märzenbier heeft veel body met wat toetsen van geroosterd graan in de neus en een vaag boomgaardfruit-accent. Lichtzoet van smaak met wat hints van toffee en rijpe appels die doorlopen in de tamelijk zoete en geronde afdronk.

Land: Duitsland
Alc.: 5,6%; serveertemp.: 7-10 °C

🇩🇪 Dinkelacker-Schwaben Märzen

Hoewel de kleur erg licht is voor een märzenbier, is dit goudkleurige bier aangenaam robuust. Het heeft een prettig graanaroma met een vage hint van alcohol. Het bier heeft veel body en is zoetig, met wat droogte en een klein bittertje in de rijke afdronk.

Land: Duitsland
Alc.: 5,6%; serveertemp.: 9 °C

🇺🇸 Gordon Biersch Märzen

Dit bier heeft de traditionele koperoranje märzenkleur en een herkenbare karameltoets in de neus. De body is zachtzoet met een schoolvoorbeeld van nootachtige mout en een beetje meer middeldroge karamel in de smaak, die aangevuld wordt met wat grassige hop in de afdronk.

Land: Verenigde Staten
Alc.: 5,7%; serveertemp.: 9 °C

🇨🇿 Bohemia Regent Prezident

Naast het aroma van lichtgekleurde mout heeft dit bier een suggestie van rijp fruit (banaan? peer?). Het heeft een boeiende smaak met een levendige fruittoets die naast de lichtgekleurde mout voortdanst. De afdronk wordt geleidelijk droger.

Land: Tsjechië
Alc.: 6%; serveertemp.: 4-7 °C

lagerbier – wereldwijd bekend

vienna lager

Qua stijl zijn Vienna lager (Weens lagerbier) en märzenbier nauw verwant. In feite is er nauwelijks verschil, maar voor de vorm heb ik een willekeurige scheidslijn getrokken en de volgende bieren in de Viennacategorie geplaatst. Als groep hebben ze allemaal een voller karakter van donkerder mout dan het gewone märzenbier en hebben ze meer smaak en robuustheid. Bij zijn streven naar goudkleurige lagerbieren produceerde de Weense brouwer Anton Dreher deze heldere bronskleurige lagers.

De kermisachtige sfeer van Coney Island vormde de inspiratie voor het rariteitenkabinet van Schmaltz.

🇺🇸 Brooklyn Lager

Deze koperkleurige moderne interpretatie van de Viennastijl heeft een aantrekkelijk assertief hoparoma (sinaasappel en grapefruit). De smaak is middeldroog met een kleine uitbarsting van mout voor de hop knisperend terugkeert. De afdronk is middeldroog en mandarijnachtig.

Serveren bij: volgens de brouwerij past dit bier perfect bij pizza.

Land: Verenigde Staten
Alc.: 5,2%; serveertemp.: 7-9 °C

🇳🇱 Christoffel Robertus

Christoffel Robertus heeft een prachtige amber-robijnkleur en bij het uitschenken een lichte mistigheid. Een prettig fruitaroma (overrijpe banaan) samen met een toets van gemoute melk en een vleugje alcohol. In de zoetige afdronk schemert een licht nootachtig moutkarakter door.
Land: Nederland
Alc.: 6%; serveertemp.: 7-10 °C

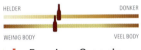

➕ Freedom Organic Dark Lager

Dark lagers zijn gewoonlijk zwart, maar deze is koperrood. Dit bier heeft een heerlijk aroma van geroosterd graan met wat hints van toffee; het is middelzoet (vijg) in de ontwikkeling en droog in de afdronk, hoewel zonder duidelijke hopsmaak. Een klassieke Vienna lager uit onverwachte hoek.
Land: Engeland
Alc.: 4,7%; serveertemp.: 9-10 °C

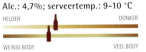

🇲🇽 Modelo Negra Modelo

Dit diep koperkleurige lagerbier heeft een mild, fruitig aroma. Een zachte moutachtige smaak overheerst met hints van toffee en donker gedroogd fruit. De afdronk is gerond en zoet, met toetsen van melkchololade en cola. Soepel, zoetig en erg aangenaam.
Land: Mexico
Alc.: 5,3%; serveertemp.: 9-10 °C

🇺🇸 Shmaltz Coney Island Lager

Robuuste florale en citrushop bedekken een ondergrond van mout, die dit bier een nootachtige smaak geeft, net zoals de zon ons zonnestelsel iets geeft om omheen te draaien. Dit zoete, imposante en stevige bier lijkt op brown ale. De afdronk is nootachtig en bitterzoet.
Land: Verenigde Staten
Alc.: 5,5%; serveertemp.: 4-7 °C

lagerbier – wereldwijd bekend

overige lagerbieren

Er zijn enkele losse flessen die ik nergens goed kan inpassen – probeer ze maar, ze zijn allemaal goed. De twee dunkels zijn donkere lagerbieren – de een zoeter, de ander droger – die de voorgaande Vienna lagerbieren linken aan de bockbieren, de doppelbockbieren en de zwarte lagerbieren in dit hoofdstuk. Sam Adams Boston Lager is hier beland omdat dit bier qua stijl dicht bij een Vienna lager ligt en daarnaast een bier is dat velen tot zelf brouwen heeft aangezet. Het honeylagerbier is, hoewel een beetje ongewoon, zeker het proberen waard.

Een beeld van de Amerikaanse held Samuel Adams, die als inspiratie diende voor Boston lager.

🇺🇸 Samuel Adams Boston Lager

Voor velen is deze koperkleurige Boston lager de wegbereider voor het ambachtelijk brouwen. In de neus domineert florale hop en ook karamelmout is duidelijk aanwezig. De middeldroge smaak heeft toetsen van toffee en cracker met een hint van parfum die in de afdronk terugkeert.

Serveren bij: hotdogs, mosterd en uien, voor een volmaakte Boston tea party

Land: Verenigde Staten
Alc.: 4,8%; serveertemp.: 4-7 °C

🇩🇪 Schönram Original Altbayerisch Dunkel

Koperbruin met een zo hardnekkige schuimkraag dat die wel van een stikstofcapsule afkomstig lijkt. Een fijn aroma van toffee en koffie met wat pit en een hint van noten. Een heerlijke zijdeachtige textuur, laag koolzuurgehalte. Droge afdronk met wat donkere fruittoetsen. Zacht, gerond, lekker.
Land: Duitsland
Alc.: 5%; serveertemp.: 9-13 °C

🇩🇪 Weltenburger Kloster Winter-Traum

Dit kopergouden bier is een oefening in beperking. Niets is buitengewoon opvallend. Dit bier houdt het midden tussen een hell en een bockbier en combineert de makkelijke doordrinkbaarheid van de eerste met het nootachtige, fruitige moutkarakter van de tweede. Een heerlijk winterbier.
Land: Duitsland
Alc.: 5,4%; serveertemp.: 9-10 °C

🇦🇹 Schremser Doppelmalz

Erg donkerbruin met rode accenten. Dit bier heeft een graanachtig aroma dat dicht bij een Tsjechisch donker lagerbier ligt, maar met minder koffie en chocolade en meer malse, fruitige mout. Zoet van smaak met toetsen van karamel en honing. Geroosterde, grassige droogheid in de afdronk.
Land: Oostenrijk
Alc.: 4,5%; serveertemp.: 7-10 °C

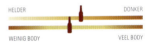

🇺🇸 High Falls JW Dundee Honey Brown

Aan dit amberkleurige lagerbier is wat honing toegevoegd, die het weliswaar niet het opwindendste bier ooit maakt, maar het wel wat karakter geeft. Een aroma van bloemen en karamel, een zoetige smaak en een lichtzoete florale afdronk met een vage nootachtigheid.
Land: Verenigde Staten
Alc.: 4,5%; serveertemp.: 2-4 °C

lagerbier – wereldwijd bekend

zwart lagerbier

Misschien is het moeilijk te geloven maar ooit was alle lagerbier zwart (of donkerbruin) en vaak behoorlijk troebel. De biercultuur zou heel anders zijn als dat nog steeds zo was. In plaats van te genieten van de lichtval door een glas heldere, schone goudkleurige pils, zouden we ons misschien verwonderen over de mate waarin ons bier het licht tegenhoudt. Nu brengen we ons bier terug als het te gewolkt is, dan zouden we dat misschien doen omdat het te helder is.

Brouwketels voor zwart lagerbier in een Boheemse brouwerij.

🇩🇪 Kaltenberg König Ludwig Dunkel

Gebrouwen door een prins, maar geschikt voor een koning. Dit donkerroodbruine bier is door prins Luitpold van Beieren gebrouwen ter ere van zijn koninklijke voorouders. Vaag rokerig met toetsen van dadel en koffie in de neus; soepel en rijk getextureerd van smaak met een middeldroge afdronk.

Serveren bij: geroosterd of gebarbecued varkensvlees met gekaramelliseerde appels en appelmoes

Land: Duitsland
Alc.: 5,1%; serveertemp.: 9 °C

🇩🇪 Jever Dark

Dit roodachtige donkere lagerbier heeft een weldadig aroma van geroosterd graan en een kruidige toets (waarschijnlijk afkomstig van de hop, maar het ruikt naar geroosterde cichoreikoffie). Gebalanceerd mondgevoel dat leidt naar een nootachtige afdronk van geroosterde mout. Fris en ongecompliceerd, maar lekker.
Land: Duitsland
Alc.: 4,9%; serveertemp.: 6-9 °C

🇩🇪 Köstritzer Schwarzbier

Dit mahoniekleurige lagerbier heeft een aroma van geroosterd graan, iets pikant. De smaak heeft een romige zoetheid die niet van een stikstofcapsule afkomstig is. Hoewel dit bier een betrekkelijk lichte body heeft, is het tot en met de afdronk van chocolade en gedroogd fruit van een zachte intensiteit.
Land: Duitsland
Alc.: 4,8%; serveertemp.: 9 °C

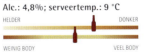

🇩🇪 Dinkelacker-Schwaben Das Schwarze

De heerlijke diepte van geroosterd graan in dit zwarte lagerbier herinnert aan op de barbecue gepofte kastanjes. De rokerige nootachtigheid blijft hangen in de tamelijk droge smaak en loopt door tot in de ietwat wrange afdronk, waarin hints van pure chocolade en wat droogte van hop.
Land: Duitsland
Alc.: 4,9%; serveertemp.: 9 °C

🇨🇿 Bohemia Regent Tmavy

Tmavy betekent 'donker bier', en dit lagerbier is inderdaad donker, bijna zwart met robijnrode accenten. Een aroma van graan en karamel onder wat koffie en gebrande suiker. In de verrassend lichte body komt wat gebrande suiker naar voren. De afdronk is vrij kort en vruchtencakeachtig.
Land: Tsjechië
Alc.: 4,4%; serveertemp.: 8-10 °C

lagerbier – wereldwijd bekend

🏴󠁧󠁢󠁳󠁣󠁴󠁿 BrewDog Zeitgeist

BrewDog doet met dit bier een poging mainstream te worden. Het probleem is echter dat het deze modieuze beginnelingen in het brouwersvak nooit zal lukken. Chocolade, koffie en grapefruitschil in de neus, meer grapefruit in de smaak en een lange afdronk van geroosterde mout met een floraal trekje.

Serveren bij: prima zonder meer, lekker met spareribs

Land: Schotland
Alc.: 4,9%; serveertemp.: 8-11 °C

🇺🇦 Obolon Deep Velvet

Een bier naar een luxueuze fluwelige stof noemen is vragen om moeilijkheden, maar deze donkere zoetige lager draagt zijn naam met ere. Gebrande karamel, graan en koffie met melk in de neus; een middelzoete smaak en een uitbarsting van moutig fruit bij het doorslikken en een nootachtige toffee-afdronk.
Land: Oekraïne
Alc.: 5,3%; serveertemp.: 8-11 °C

🇨🇿 Budweiser Budvar Dark

Een fruitig moutaroma wordt ondersteund door toetsen van koffie en pure chocolade in dit roodbruine bier – de donkere versie van de Tsjechische klassieker. Eerst zoet, maar droger en bitterder in de afdronk, met overheersende pure chocolade en koffie, samen met wat stevigheid van Saazhop.
Land: Tsjechië
Alc.: 4,7%; serveertemp.: 8-11 °C

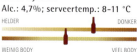

● Asahi Black

Dit roodbruine lagerbier bewijst dat een adjunct (hier rijst en maisgries) geen saai bier hoeft op te leveren. Het heeft een fantastisch aroma van geroosterd graan, koffie en gedroogd fruit. De middelzoete volle smaak heeft hints van koffie en drop, de droge gebrande afdronk een aantrekkelijk moutbroodkarakter.
Land: Japan
Alc.: 5%; serveertemp.: 8-11 °C

🇪🇸 Alhambra Negra

Dit buitengewoon donkere bier (met robijnrode accenten) heeft een heerlijk aroma van toffee en koffie en een vage honingtoets. De smaak is wat lichter en droger dan de geur doet vermoeden, maar heeft aantrekkelijke toetsen van geroosterd graan en gebrande karamel.
Land: Spanje
Alc.: 5,4%; serveertemp.: 8-11 °C

Het Asahigebouw in Tokio, het handelscentrum voor Japans zwart lagerbier.

bockbier & doppelbock

De naam 'bockbier' stamt uit het Duitse stadje Einbeck, waar deze bieren voor het eerst in de veertiende eeuw werden gebrouwen. Het zou te makkelijk zijn om ze als sterke lagerbieren te omschrijven. Behalve sterk, hebben ze een neiging tot een fruitige zoetheid en een rijk en weldadig karakter dat moeilijk te omschrijven is. De doppelbockbieren (letterlijk: dubbelbock, maar niet echt tweemaal zo sterk) zijn nog sterker, donkerder en intenser. Hoewel de hier vermelde bockbieren van internationale herkomst zijn, zijn de doppelbocks allemaal echt Duits.

Traditionele vakwerkhuizen in het Duitse Einbeck, de bakermat van het bockbier.

🇮🇹 Birrificio Italiano Amber Shock

Dit mistige koperkleurige bier is alleen gebotteld te koop en heeft een heerlijke esterachtige, fruitige neus (banaan, sinaasappel), met noten, toffee en een suggestie van alcohol. De smaak is middelzoet met meer fruit (gedroogde abrikoos, sinaasappel), wat nootachtigheid, een vleug cognac en een middelzoete, fruitige afdronk.

Serveren bij: vreemd genoeg past eend à l'orange hier perfect bij

Land: Italië
Alc.: 7%; serveertemp.: 7-9 °C

🇮🇹 Peroni Gran Riserva

De gebrande gouden kleur en het ietwat hogere alcoholpercentage suggereren een bier met aspiraties, en dat klopt. De moutachtige graanachtige neus heeft een licht alcoholische kant en de assertieve smaak is mondvullend en droog met een plezierige bittere, sinaasappelvliesachtige toets. Frisse blijvende afdronk. Goede kwaliteit.

Land: Italië
Alc.: 6,6%; serveertemp.: 9 °C

🇦🇹 Schloss Eggenberg Urbock 23°

Dit is een bier dat je weglegt voor een speciale gelegenheid en dan na een lange dag toch opent. Dat heb ik in elk geval gedaan. Glashelder en goudkleurig met een aroma van gebrande karamel, lichtgekleurde mout en cognac. Zoete, licht perzikachtige verwarmende alcohol.

Land: Oostenrijk
Alc.: 9,6%; serveertemp.: 9 °C

🇮🇹 Birrificio Italiano Bibock

Een heerlijk aroma van nootachtige mout en bittere sinaasappels met een vage toets van geroosterde zemelen stijgt op van dit koperkleurige bier. Aanvankelijk zoet, dan slaat een golf hop (meer sinaasappel) over de tong en eindigt bitterzoet met een zich ontplooiende mout vol van smaak.

Land: Italië
Alc.: 6,2%; serveertemp.: 8-10 °C

🇺🇸 Gordon Biersch Blonde Bock

Ambergoud bier met een flinke moutachtige neus, een zoete kruidigheid en een suggestie van alcohol. Een heerlijk volle textuur, ietwat zwaar en bijna olieachtig in de mond, met wat zoete lichtgekleurde mout, een vaag perzikkarakter en wat warmte bij het doorslikken. Erg lekker.

Land: Verenigde Staten
Alc.: 7%; serveertemp.: 9-13 °C

lagerbier – wereldwijd bekend

🇩🇪 Weltenburger Kloster Asam Bock

Dit roodbruine bier heeft een zacht aroma van geroosterd graan met wat karakter van geroosterd moutbrood. De relatief geringe koolzuurvorming zorgt voor een makkelijke doordrinkbaarheid, en de toetsen van koffie en vruchtentaart blijven hangen tot de afdronk. Een geweldig bier, eentje om naar op zoek te gaan.

Serveren bij: hartig aards voedsel; runderfilet met bietjes en wilde paddenstoelen

Land: Duitsland
Alc.: 6,9%; serveertemp.: 9-11 °C

🇩🇪 Weihenstephaner Korbinian

Dit bier heeft een sterk aroma van gedroogd fruit (gerijpte cognac- en sherryvaten). Een samengestelde smaak van karamel, gedroogd fruit en chocolade. De afdronk is lang en verglijdt naar middeldroog met meer toetsen van chocolade en vanille. Complex, schenkt veel voldoening.
Land: Duitsland
Alc.: 7,4%; serveertemp.: 9-11 °C

🇩🇪 Andechs Doppelbock Dunkel

Het nootachtige, licht graanachtige aroma van dit donkere lagerbier belooft veel en de smaak stelt zeker niet teleur. Zoetig moutachtig met wat toetsen van koffielikeur en een zacht gerond karakter die dit bier verontrustend makkelijk te drinken maken. De afdronk is moutachtig en middeldroog.
Land: Duitsland
Alc.: 7,1%; serveertemp.: 9-11 °C

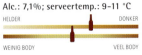

🇩🇪 Paulaner Salvator

Dit 'vloeibaar brood' werd oorspronkelijk gebrouwen als voedsel tijdens de vasten. Salvator (Latijn voor 'redder') is een oranjebruin bier met een verrukkelijk voedzaam moutkarakter. Middelzoete smaak met wat gedroogd fruit, toffee en een vaag hoppige kruidigheid. Voor velen hét voorbeeld van een doppelbock.
Land: Duitsland
Alc.: 7,5%; serveertemp.: 9 -11 °C

🇩🇪 Ayinger Celebrator Doppelbock

Dit donkere bier met robijnrode accenten is iets speciaals. Ondanks het lichte aroma van gedroogd fruit en koekkruiden, ontplooit het zich in de mond, en de licht olieachtige textuur onthult smaken van gebrandevruchtentaart en drop. Geroosterd graan, rum en vijg in de lange, droge afdronk.
Land: Duitsland
Alc.: 6,7%; serveertemp.: 9-11 °C

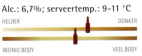

Een serveerster in traditionele kledij serveert een blad Beierse bieren.

engelse ale, brits bier

Niets is te vergelijken met het Britse bier. Zelfs in landen waar de invloed van het Britse bier een ware revolutie in de brouwtechniek heeft ontketend, waardoor een ambachtelijke industrie ontstond (en ik denk hierbij vooral aan de Verenigde Staten), mankeert er iets in de overbrenging. Hoewel, nu ik eraan denk: een van de beste pullen bitter (en fish-and-chips) die ik ooit heb gehad, was in een brouwerijcafé in St. Louis, Missouri, in het begin van de jaren negentig. Ik wou dat ik me de naam daarvan kon herinneren – misschien had ik niet steeds terug moeten gaan voor meer...

Het is een algemeen probleem van goed Brits bier: het drinkt zo lekker weg. Hoewel het betrekkelijk gemiddeld van sterkte is (het alcoholpercentage ligt meestal tussen 4 en 6%), heeft het een zachte, geronde elegantie die onovertroffen is in het bierpantheon. In de pubs vindt men het beste bier, bij voorkeur uit het vat. Door het lagere koolzuurgehalte en de koele (in plaats van koude) serveertemperatuur glijdt dit bier te makkelijk naar binnen. Juist vanwege deze makkelijke drinkbaarheid is een merkwaardige Britse creatie ontstaan: het *session beer* oftewel doordrinkbier. Dat bestaat uit minder sterke biersoorten die puur ontworpen zijn voor het genoegen van het drinken; men gaat ervan uit dat de drinker nog een tweede en een derde van deze heerlijke ale wil, zonder te veel alcohol binnen te krijgen.

Brits bier (het wordt in heel Groot-Brittannië geproduceerd, inclusief Ierland) kent een grote verscheidenheid. Onder deze noemer vallen vele stijlen. Net als bij de pilseners en lagerbieren uit het vorige hoofdstuk is de balans de sleutel tot succes. Door de bovengistende gisten en het scala aan gekleurde mouten kan bier in deze stijl variëren van helder, fris en goudkleurig tot fruitig, zoet en tamelijk donker. De zoetheid van de mout (van welke kleur dan ook) en de bitterheid van de hop werken contrasterend, waardoor een bier ontstaat van een ongewone balans en smakelijkheid.

Ik moet toegeven dat het een beetje oneerbiedig is om Brits bier als een stijl te beschouwen; er zit nogal wat verschil tussen een Engelse ale en een typisch Schotse. Ondanks de verschillen is de gebruikte techniek overwegend gelijk. Het eindproduct wordt meer beïnvloed door de plaats van oorsprong dan door iets anders. Schotse ales zijn gewoonlijk robuuster en zoeter omdat die eigenschappen geliefder zijn in een gebied waar de winters wat strenger zijn dan in het zuidelijke buurland. Daar zien we het weer: een bierstijl die verband houdt met de plaatselijke omstandigheden. De Britse vaalgouden ales zijn enigszins seizoensgebonden – in de relatief warmere maanden wordt een lichter, verfrissender bier gekozen. Er is werkelijk een Brits bier voor elke gelegenheid.

bitter

Bitter is de klassieke stijl van Engelse ale. Deze stijl kent vele definities en ze overlappen allemaal in verschillende opzichten; het alcoholpercentage van een klassieke Engelse bitter ligt tussen 3,5 en 4,5%, de kleur tussen goud en bruin, en hij heeft het klassieke evenwicht tussen zoete mout en bittere hop. Deze bieren hebben gewoonlijk een lichte tot middelmatige body; het sleutelwoord is doordrinkbaarheid. Dit zijn klassieke session beers – smakelijke maar niet zo sterke bieren, waarvan u er een aantal kunt drinken zonder dronken te worden.

Traditionele Engelse pub in de zomer.

🏴 Harvey's Sussex Best

Miles Jenner is hoofd van de brouwerij en een prima kerel. Hij brouwt een flinke reeks bieren in Harvey's Brouwerij in Lewes, Sussex. Deze heerlijke vaal koperkleurige ale heeft een kern van nootachtig maar delicaat geroosterd graan, bedekt met wat zachtbittere hop. Een meesterwerk in terughoudendheid en buitengewoon prettig doordrinkbaar.

Serveren bij: de Engelse klassieker fish-and-chips

Land: Engeland
Alc.: 4%; serveertemp.: 10-13 °C

🏴 Coniston Bluebird Bitter

Dit vaal koperkleurige bier is een prima voorbeeld van de verfijndheid van de vaalgouden Engelse ales. Het heeft een heerlijk biscuitaroma en een vage hint van florale hop. Een vleug citrus in de ontwikkeling en een droge, vage florale afdronk. Droog, delicaat en drinkt lekker weg.
Land: Engeland
Alc.: 4,2%; serveertemp.: 10-13 °C

🏴 Coniston Bluebird XB

'Vertrouwd, maar anders' is het motto op deze met hop versterkte versie van de klassieke Bluebird bitter. Het vertrouwde aroma van nootachtige biscuitmout bevat ook veel citrusachtige hop. De smaak is wranger en de afdronk heeft een citroenachtige bittere ontplooiing.
Land: Engeland
Alc.: 4,4%; serveertemp.: 10-13 °C

🏴 Hall & Woodhouse Badger First Gold

Hall & Woodhouse produceert een grote reeks Badgerbieren, waarvan sommige op smaak gebracht met exotische ingrediënten. Ik verkies degene die naar bier smaken. First Goldhop geeft de neus een heerlijke florale toets en geeft dit koperkleurige bier een pittig karakter van bittere sinaasappels. Aangenaam fruitige afdronk.
Land: Engeland
Alc.: 4%; serveertemp.: 10-13 °C

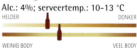

🏴 Shepherd Neame Spitfire

Deze koperkleurige ale van de oudste brouwerij van Groot-Brittannië heeft een geweldige doordrinkbaarheid. In de neus een toets van pittige hop naast een heerlijk aroma van geroosterde mout. In de afdronk overheerst de hop en na het doorslikken bouwt zich een licht droog bittertje op.
Land: Engeland
Alc.: 4,5%; serveertemp.: 10-13 °C

engelse ale, brits bier

🏴󠁧󠁢󠁥󠁮󠁧󠁿 Wylam Angel

Vanwege het tienjarig jubileum van het kolossale beeld van Antony Gormley 'The angel of the north' (de engel van het noorden) in Noord-oost-Engeland weerspiegelt de koperkleur van dit bier het roestige patina van het beeld. Zoete toffeeachtige mout (alle bieren van Wylam hebben een aantrekkelijk zoet tintje) en veel kruidige citrusfruitigheid. Drinkt makkelijk weg.

Serveren bij: misschien wat onlogisch, teriyakispiesjes van kip of saté van varkensvlees
Land: Engeland
Alc.: 4,3%; serveertemp.: 10-13 °C

🇺🇸 Goose Island Honkers Ale

Deze middelbruine ale is geïnspireerd op de klassieke Engelse ale. Hij heeft een heerlijk karamelmoutaroma en een aangename geronde, ietwat ingehouden hoppigheid. De geronde, mondvullende smaak is overheersend nootachtig moutig met veel bitter- maar weinig aromahop.
Land: Verenigde Staten
Alc.: 4,3%; serveertemp.: 10-13 °C

🏴󠁧󠁢󠁥󠁮󠁧󠁿 Wolf Best Bitter

Dit klassieke koperkleurige bier houdt gelijke tred met de trans-Atlantische hybriden van de laatste tien jaar. Een krachtig citrushoparoma vermengt zich op aangename wijze met de moutachtigheid van geroosterd graan. Wat geroosterd graan in de ontwikkeling en een nootachtige afdronk met wat pittigheid van hop.
Land: Engeland
Alc.: 3,9%; serveertemp.: 10-13 °C

🇺🇸 Black Diamond Amber Ale

'Geïnspireerd door de Engelsen, gebrouwen door de Amerikanen' stelt het etiket van dit koperamberkleurige bier. Het aroma heeft een zacht citruskarakter boven een zachte toffeeachtige mouttoets. Middeldroge smaak, waarin na het doorslikken wat smaak van geroosterd kaf naar voren komt. Droge, grapefruitachtige afdronk.
Land: Verenigde Staten
Alc.: 4,5%; serveertemp.: 10-13 °C

🏴󠁧󠁢󠁥󠁮󠁧󠁿 Woodforde's Wherry

In goede Engelse ale vinden we zakkenvol smaak op gematigde sterkte. Dit is een goed voorbeeld; van de pikante citrus in de neus tot de sorbetachtige ontplooiing van harsachtige hop in de mond, naar een afdronk die de citrushop en de geroosterde mout in volmaakt evenwicht houdt.
Land: Engeland
Alc.: 3,8%; serveertemp.: 10-13 °C

Angel of the north (de engel van het noorden), een welkomsmonument voor reizigers op weg naar Noordoost-Engeland.

Een Engelse pub gevestigd in de gewelven onder het Charing Cross-station in Londen.

🏴󠁧󠁢󠁥󠁮󠁧󠁿 Batemans XXXB

Dit bier heeft een verrukkelijk fruitig aroma met een ondertoon van toffee. In de ontwikkeling is een licht butterscotchkarakter te herkennen met een zoetige toets. In de afdronk ontwikkelt zich een aangenaam nootachtig bittertje. Uitstekend gebalanceerd, een excellent voorbeeld van een Engelse ale.

Serveren bij: de nootachtige mout past prima bij geroosterde kalkoen en veenbessencompote
Land: Engeland
Alc.: 4,8%; serveertemp.: 10-13 °C

🏴󠁧󠁢󠁥󠁮󠁧󠁿 Marston's Pedigree

Pedigree is een ogenschijnlijk eenvoudig bier, maar schijn bedriegt. Van het vage zweempje zwavel (het water in Burton is zwavelhoudend) en de knisperende ondergrond van kristalmout tot de hint van butterscotch in de ontwikkeling en de nootachtige en bitterzoete afdronk een oorspronkelijke Britse klassieker.
Land: Engeland
Alc.: 4,5%; serveertemp.: 10-13 °C

🏴󠁧󠁢󠁥󠁮󠁧󠁿 Wadworth 6X

Notenbruin met wat gedempt aroma van hop en een aangename vleug butterscotch die alles zoeter maakt. De middelzoete moutachtige smaak ontwikkelt zich tot een tamelijk droge, hoppige afdronk met hints van noten en toffee. Een klassieke Engelse ale, maar wel met een eigen karakter.
Land: Engeland
Alc.: 4,3%; serveertemp.: 10-13 °C

🏴󠁧󠁢󠁥󠁮󠁧󠁿 Hook Norton Old Hooky

Voor een gematigd sterke ale is dit bier behoorlijk complex. Geroosterd kaf, toffee, bergen fruitkarakter (pruimen, gedroogd fruit) en een vleug butterscotch in de neus. De smaak is vol fruit, noten en specerijen en gaat over in een bitterzoete afdronk.
Land: Engeland
Alc.: 4,6%; serveertemp.: 10-13 °C

🏴󠁧󠁢󠁥󠁮󠁧󠁿 Brakspear Bitter

Toen de oorspronkelijke Brakspearbrouwerij verkocht werd, hebben de nieuwe eigenaren zoveel mogelijk hergebruikt en opnieuw opgebouwd. De bieren hebben een constante goede kwaliteit, zoals deze koperbruine ale toont. Geroosterde mout en toffee in de neus, licht en frisbitter van smaak. Een klassieke Engelse *session ale*.
Land: Engeland
Alc.: 3,4%; serveertemp.: 10-13 °C

🏴󠁧󠁢󠁥󠁮󠁧󠁿 Timothy Taylor Landlord

Taylors Landlord is onterecht beroemd omdat het Madonna's lievelings-ale is. Onterecht, omdat dit ook zonder haar aanbeveling een geweldig goed bier is. Amber-goudkleurig met een heerlijk aroma van hop (sinaasappel, mandarijn) en wat karamel. Gematigde body met een verbazingwekkende balans en een pittige doordrinkbaarheid. Een klassieker.

Serveren bij: krokante kip, maar ook varkensvleespasteitjes met mosterd, of gesneden koude kip op een bed van groene sla met een sinaasappeldressing
Land: Engeland
Alc.: 4,3%; serveertemp.: 11-14 °C

108 engelse ale, brits bier

🏴󠁧󠁢󠁥󠁮󠁧󠁿 Black Sheep Black Sheep Ale

Een van de klassieke Yorkshirebieren zonder poespas. Het koperkleurige Black Sheep is een bescheiden genoegen. Toffee, karamel en butterscotch in de neus worden ondersteund door een krachtig aroma van hopzak. Het bier is tamelijk droog in de mond en de zachte droge bitterheid ontplooit zich in de afdronk.
Land: Engeland
Alc.: 4,4%; serveertemp.: 13 °C

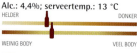

🏴󠁧󠁢󠁷󠁬󠁳󠁿 Felinfoel Double Dragon

Felinfoel staat vooral bekend als de eerste Europese brouwer die bier in blik verkocht; zonde, want dit koperkleurige bier is behoorlijk goed. Naast het aroma van toffee en noten is er een toets van rijpe appel. De smaak is gebalanceerd en heeft een droge nootachtigheid in de afdronk.
Land: Wales
Alc.: 4,2%; serveertemp.: 10-13 °C

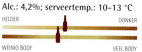

🏴󠁧󠁢󠁥󠁮󠁧󠁿 Acorn Barnsley Bitter

Dit bier, genoemd naar zijn 'geboorteplaats', was ooit zo populair dat toen in de jaren zestig de productie werd stopgezet, de mensen de straten op gingen om te protesteren. Deze reïncarnatie heeft een stevig nootachtig aroma opgelicht door wat pit uit de hop. Een volle droge smaak en een intensiteit die de beperkte sterkte ver overstijgt.
Land: Engeland
Alc.: 3,8%; serveertemp.: 10-13 °C

🏴󠁧󠁢󠁥󠁮󠁧󠁿 Hogs Back Traditional English Ale (TEA)

In de neus van dit bier vinden we aangenaam fruitige esters (banaan, kauwgom) en sinaasappeltoetsen van de hop. Zoetig van smaak met wat toffee en meer bittere sinaasappel. Een geronde afdronk die zoet begint en langzamaan bitterder wordt.
Land: Engeland
Alc.: 4,2%; serveertemp.: 10-13 °C

Een prachtig uitzicht op Ilkley Moor, Yorkshire, nabij Keighley, waar Timothy Taylor wordt gebrouwen.

bruine ale

Brown (bruine) ale is een ondersoort van Engelse ale. Traditioneel wijkt dit bier af van andere Engelse ales doordat het minder hopaccenten heeft; sommige zijn zoeter, andere droger en weer andere bijna sober. De stijl kan niet alleen aan de hand van de Engelse klassieker (Newcastle Brown Ale) worden bepaald. Amerikaanse ambachtelijke brouwers hebben de geronde nootachtigheid van het origineel genomen en zijn ermee aan de slag gegaan. Ze hebben er aromahop aan toegevoegd, tot groot ongenoegen van de bierpuristen.

Zakken mout bestemd voor de productie van brown ale.

🏴󠁧󠁢󠁥󠁮󠁧󠁿 Samuel Smith's Nut Brown Ale

Zoals op basis van de naam te verwachten is, heeft deze koperbruine ale een heerlijke uit de mout afkomstige nootachtige smaak. Gedroogd fruit en geroosterde mout in de neus leiden naar een zijdeachtig zoete smaak met meer nootachtige mout. Na het doorslikken ontplooit de hop zich. Een klassiek bier.

Serveren bij: geroosterd vlees of zoetige, nootachtige harde kazen, zoals Münster of Goudse kaas, met chutney
Land: Engeland
Alc.: 5%; serveertemp.: 13 °C

🇺🇸 Dogfish Head Indian Brown Ale

Een zwaar aroma van geroosterde gerst met enkele plantachtige hoptoetsen stijgt op uit dit donkere roodbruine bier. Koffie en chocolade zijn zowel in het aroma als in de zijdeachtige textuur in de mond aanwezig. Gedroogd fruit en nootachtige chocolade beheren de afdronk.
Land: Verenigde Staten
Alc.: 7,7%; serveertemp.: 10-13 °C

🇺🇸 Shmaltz He'Brew Messiah Bold

Dit erg donkerbruine bier heeft bergen heerlijk geroosterd moutaroma – toffee, gebrande bruine suiker, een hint van rook en wat citrusachtige hop. De smaak is vol en zoetig en na het doorslikken droger en bitterder met een ontplooiing van toetsen van gedroogd fruit.
Land: Verenigde Staten
Alc.: 5,6%; serveertemp.: 10-13 °C

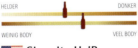

🇺🇸 Brooklyn Brown Ale

Misschien vanuit de gedachte 'meer is beter' bevat dit bruine bier een verbazingwekkende hoeveelheid hop. Het aroma is geparfumeerd en citrusachtig, met wat toetsen van koffie en cola op de achtergrond. De afdronk is aromatisch en hoppig, waaruit chocolade en koffie naar voren komen.
Land: Verenigde Staten
Alc.: 5,6%; serveertemp.: 10-12 °C

🏴󠁧󠁢󠁥󠁮󠁧󠁿 Scottish & Newcastle Newcastle Brown

Newkie Brown is niet meer wat het vroeger was sinds het bedrijf is verkocht, van vestiging is veranderd en grootschalig produceert. Er is echter nog voldoende van het origineel over om een impressie te geven van een correcte bruine ale – nootachtig en toffeeachtig, met een geronde afdronk.
Land: Engeland
Alc.: 4,7%; serveertemp.: 10 °C

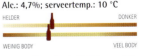

engelse ale, brits bier

extra special bitter

Er wordt wel gezegd dat ESB niet echt een aparte stijl is, maar dat het uitsluitend verwijst naar Fuller's ESB en dat de rest alleen maar interpretaties daarvan zijn. Gesteld dat het een stijl is, dan ligt het alcoholpercentage tussen de 5 en 6% en heeft het zowel een zoete, moutachtige dimensie als een helder, pittig hopprofiel. Het is te sterk om zo te drinken, maar heerlijk bij het eten (bijvoorbeeld bij biefstuk met uien). De Sixpoint Brownstone is een bruine ale die uit de vorige sectie is doorgeschoven – geproefd uit de tank in de brouwerij en hij was buitengewoon lekker.

Gloeiend hete biefstuk met uien: een heerlijke begeleider voor ESB.

🏴󠁧󠁢󠁥󠁮󠁧󠁿 Fuller's ESB

Volgens sommigen de ESB waaraan de rest wordt afgemeten. Dit koperkleurige bier heeft een heerlijk aroma van toffee, gemberbrood en kruidige hop. De smaak is als een snee gemberbrood met toffeesaus. In de middeldroge, pittige afdronk ontplooit zich een sinaasappelachtige bitterheid.

Serveren bij: een kaasburger met toebehoren (met echte kaas, niet van die voorgeperste plakjes)
Land: Engeland
Alc.: 5,9%; serveertemp.: 10-13 °C

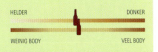

🇺🇸 Sixpoint Brownstone

Dit donkerbruine bier heeft een verbazingwekkend zoete intensiteit, hoewel het toch niet weezoet is. Het aroma is doordrongen van toffee, karamel en geroosterde mout. De middelzoete smaak heeft een aangenaam romige geroosterde bitterheid.
Land: Verenigde Staten
Alc.: 5,8%; serveertemp.: 9-11 °C

🇺🇸 Speakeasy Prohibition Ale

Dit amberbruine bier heeft een koppig aroma vol toffee, gebrande suiker en verse hop, die net zo'n harsachtige impressie geeft als wanneer die tussen de vingers wordt gewreven. Kleverige hop zwenkt over het gehemelte als een scharende vrachtwagen op de snelweg. Ondeugend maar aangenaam.
Land: Verenigde Staten
Alc.: 6,1%; serveertemp.: 7-10 °C

🏴󠁧󠁢󠁥󠁮󠁧󠁿 Robinson's Double Hop

Double Hop leunt zwaar op de ESB-stijl. Het is een vaal koperkleurig bier met een heerlijk expressief, harsachtig hoparoma (bittere sinaasappel, hopzak). Het relatief zware mondgevoel (lekkere karamelmout) wordt meegedragen op de pikantheid van kruidige hop. De afdronk is bitterzoet – toffee, sinaasappelvlies.
Land: Engeland
Alc.: 5%; serveertemp.: 10-13 °C

🇺🇸 Rogue Brutal Bitter

Deze ale in ESB-stijl heeft een erg krachtig hoparoma én een krachtige hopsmaak. De mout geeft het bier body, maar wel in een ondersteunende rol. Pittig, droog en makkelijk weg te drinken, zoals een kruising tussen een Engelse ale en een Amerikaanse IPA. Niet echt ruw, maar schaaft de smaakpapillen wat bij.
Land: Verenigde Staten
Alc.: 6,2%; serveertemp.: 12-14 °C

🇺🇸 Grand Teton Bitch Creek ESB

De donkere roodbruine tint van dit bier suggereert een krachtig moutkarakter dat duidelijk is in de neus. Naast een hartig harsachtig hopkarakter vinden we toffee en karamel. In de ontwikkeling zijn karamel en gekneusde-appelsmaken aanwezig, die geleidelijk worden overheerst door bitterheid. Eerlijk, pittig en robuust.

Serveren bij: alles wat bij gekaramelliseerde uien past
Land: Verenigde Staten
Alc.: 5,5%; serveertemp.: 8-9 °C

➕ Bateman Victory Ale

Gebrouwen om de bedrijfsovername door wijlen George Bateman te vieren; Victory Ale is dan ook een echte traktatie. Deze middeldonkere ale heeft een ESB-karakter – fruitige mout en pittige hop in de neus en een aanvankelijk assertieve aanval van zoete mout, gevolgd door een verfrissende afdronk van pittige hop.
Land: Engeland
Alc.: 6%; serveertemp.: 10-13 °C

🏴󠁧󠁢󠁷󠁬󠁳󠁿 Brains Dark

Dit bier wordt langzamerhand erkend als een kleinere klassieker. Heerlijke donkergeroosterde mout geeft een aroma van chocolade, koffie en drop. Het mondgevoel is zacht en romig. Weinig hoppige bitterheid en een zijdeachtig-zoete afdronk. Voor een lichter bier is het erg vol van smaak.
Land: Wales
Alc.: 3,9%; serveertemp.: 10-13 °C

➕ Panimoravintola Huvila ESB

ESB is een bier met van alles meer: hop, mout, smaak en alcohol. Dit is een goed voorbeeld – helderoranje van kleur met een robuuste aanwezigheid van hop (die kruidige aroma's ontwikkelt), aangenaam sappig fruit en een middellange afdronk die karamel en een harsachtig hopkarakter heeft.
Land: Finland
Alc.: 5,2%; serveertemp.: 10-13 °C

➕ Holden's Black Country Mild

Een donkerbruin mild bier met het aroma van gedroogd fruit, noten, drop en een vleugje rook. De rook komt in de mond kort naar de voorgrond voordat hij vervaagt in de zachte fruitige smaak, die een hint van port heeft en een licht hartig karakter. De afdronk is licht en droog.
Land: Engeland
Alc.: 3,7%; serveertemp.: 12-14 °C

Panimoravintola Huvila wordt gebrouwen in het Savonlinnakasteel in het Finse Saimaagebied.

mild bier

Een in de bierwereld bestaand misverstand is dat 'mild' en 'zwak' synoniemen zijn. Het klopt dat mild bier meestal minder alcohol bevat, maar de term heeft betrekking op de beperkte hoeveelheid hop, waardoor een milder, minder bitter bier ontstaat. Door de hoeveelheid hop te beperken kan de fruitigheid in de mout meer naar voren komen. De hier vermelde milde bieren zijn karakteristiek voor deze stijl – minder alcohol, tamelijk donker van kleur en met een lichte neiging tot zoetheid. Bieren met vooral een voedend en herstellend karakter.

Het Great British Beer Festival, jaarlijks sinds 1975, heeft de bierverkoop enorm gestimuleerd.

🏴󠁧󠁢󠁥󠁮󠁧󠁿 Moorhouse's Black Cat

Deze donkerbruine ale met robijnrode accenten heeft een heerlijk aroma van koffie, chocolade en verse tabak. Ondanks het lage alcoholgehalte heeft deze ale veel smaak – koffie, pure chocolade en een hint van rumvaten. De geroosterde nootachtige rokerige afdronk is erg lekker.

Serveren bij: door het contrast in de smaken en texturen is dit een geweldig bier voor bij een risotto of een hartig notenbrood met een laagje blauwe kaas in het midden
Land: Engeland
Alc.: 3,4%; serveertemp.: 9-11 °C

🏴󠁧󠁢󠁥󠁮󠁧󠁿 Leeds Midnight Bell

Met de ophanden zijnde sluiting van de historische Tetley's Brouwerij in 2011 is het aan dit brouwerijtje in Leeds om de plaatselijke brouwerijtraditie voort te zetten. Met dit bier met zijn kastanjebruine kleur, rijke donkere fruitigheid en soepele nootachtige afdronk met een hint van pure chocolade lijkt het daartoe prima in staat.
Land: Engeland
Alc.: 4,8%; serveertemp.: 10-13 °C

🏴󠁧󠁢󠁥󠁮󠁧󠁿 Rudgate Ruby Mild

Ondanks de kleine capaciteit en het bescheiden onderkomen (op een voormalig vliegveld) brengt Rudgate enkele geweldige ales op de markt; deze robijnrode mild is beslist een van de beste. Nootachtige mout in de neus, een bitterzoete geroosterde smaak en een nootachtige koffiegetinte droogte in de afdronk.
Land: Engeland
Alc.: 4,4%; serveertemp.: 11-13 °C

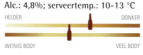

🏴󠁧󠁢󠁥󠁮󠁧󠁿 Greene King XX Mild

Dit is een minder bekend bier van een grote producent, dat erin slaagt om alles te zijn wat een mild moet zijn. Erg donkerbruin, veel body, zacht en zoet van smaak, met een nootachtig karakter van geroosterde mout, koffie en chocolade. De droge afdronk heeft gedroogd fruit en een hint van wrangheid.
Land: Engeland
Alc.: 3%; serveertemp.: 11-13 °C

🏴󠁧󠁢󠁥󠁮󠁧󠁿 Cropton Balmy Mild

Dit aroma is zo complex dat het moeilijk te definiëren is, tot u de toets van hop ontwaart. In een mild? Oké, het kan. Een droge, moutachtige body met een toets van geroosterde cichorei en noten; een nootachtige hoppige afdronk. Het zou niet moeten werken, maar dat doet het toch.
Land: Engeland
Alc.: 4,4%; serveertemp.: 11-13 °C

engelse ale, brits bier

pale golden ale

Pale golden ale (vaalgouden ale) is een betrekkelijk nieuwe stijl in de Britse brouwtraditie. Tot een keerpunt aan het einde van de jaren tachtig was alle ale bruinig van kleur. De twee baanbrekende bieren die hier verandering in brachten waren Exmoor Ales Exmoor Gold en Hop Back Summer Lightning. Beide zijn met uitsluitend lichtgekleurde mout gebrouwen en fris gehopt om hun lichte, zomerse aard te accentueren. Beide sloegen direct aan, omdat ze de aledrinkers iets lichters en frissers te drinken gaven tijdens de warme zomermaanden.

Kwaliteitscontrole is een essentieel onderdeel van het brouwproces.

🏴󠁧󠁢󠁥󠁮󠁧󠁿 Exmoor Ales
Exmoor Gold

Dit lichtgekleurde bier heeft samen met Hop Back Summer Lightning het ambachtelijk gebrouwen bier geherdefinieerd. Het werd gelanceerd als een van de eerste lichtgekleurde ales. Het is nog steeds een prachtbier – zacht floraal en licht grassig met een zoete kern van lichtgekleurde mout en een hint van citrusschil in de afdronk.

Serveren bij: geroosterde kippenvleugeltjes met pikante dipsaus
Land: Engeland
Alc.: 4,5%; serveertemp.: 9-12 °C

🏴󠁧󠁢󠁥󠁮󠁧󠁿 Durham Cloister

De bieren van brouwerij Durham hebben een robuust karakter, waaruit de toewijding van brouwer Steve Gibbs blijkt. Zelfs deze lichtere, goudkleurige ale is volgestouwd met smaak – pittige cascadehop in de neus, een stevige, zoete moutkern in de smaak en een uitbarsting van grapefruit in de afdronk.
Land: Engeland
Alc.: 4,5%; serveertemp.: 9-12 °C

🏴󠁧󠁢󠁥󠁮󠁧󠁿 Wolf Golden Jackal

Vaalgoudkleurige Engelse ale is een heerlijke zomerse dorstlesser, en dit exemplaar is wel zeer geslaagd. Citroensorbet laat de tong tintelen, lichtgekleurde steenvruchten glijden loom langs het gehemelte en een uitbarsting van florale pit zwaait u uit... tot de volgende slok. Werkelijk erg lekker.
Land: Engeland
Alc.: 4%; serveertemp.: 9-12 °C

🏴󠁧󠁢󠁳󠁣󠁴󠁿 Cairngorm Trade Winds

Dit gebrand gouden bier is meermaals in de prijzen gevallen. Het gebruik van vlierbloesem als smaakmaker geeft naast de citrushop een geparfumeerd accent in de neus. Een geronde bitterheid verschijnt in de smaak. De geparfumeerde florale toets keert terug in de zachtbittere afdronk.
Land: Schotland
Alc.: 4,3%; serveertemp.: 9-12 °C

🏴󠁧󠁢󠁷󠁬󠁳󠁿 Brains SA Gold

Dit vaalgoudkleurige bier geeft in de mond een explosie van malse zoetheid met wat tropisch fruit en een beetje romigheid in de ontwikkeling. Een lichtbittere afdronk met hints van geroosterd graan. Een vaalgoudkleurige Engelse ale volgens het boekje, behalve dan dat hij gebrouwen is in Wales.
Land: Wales
Alc.: 4,7%; serveertemp.: 9-12 °C

engelse ale, brits bier

🏴󠁧󠁢󠁥󠁮󠁧󠁿 Hop Back Summer Lightning

Een van de allereerste vaalgouden ales, een stijl die tegenwoordig in Groot-Brittannië erg gangbaar is. Brouwer John Gilbert creëerde in zijn ambachtelijke brouwerij achter de Wyndham Arms-pub in Salisbury, Wiltshire, een bier dat onmiddellijk tot de klassiekers behoorde. Lichtgekleurde mout en citrushop overheersen enigszins. De afdronk is zacht kruidig (koriander, citroengras).

Serveren bij: Thaise viskoekjes met chilidipsaus
Land: Engeland
Alc.: 5%; serveertemp.: 9-12 °C

🏴󠁧󠁢󠁥󠁮󠁧󠁿 Moorhouse's Pendle Witches Brew

Het gebruik van geschroeide tarwe geeft een apart nootachtig kafaroma aan dit kopergouden bier. Er is een heerlijk samenspel tussen de bitterzoete smaak en de citrushop in de ontwikkeling. In de afdronk komt een nootachtige droogte naar boven.
Land: Engeland
Alc.: 5,1%; serveertemp.: 9-12 °C

🏴󠁧󠁢󠁥󠁮󠁧󠁿 Springhead Roaring Meg

Dit bier heeft een zacht citroenachtig karakter ondersteund door een hint van oosterse specerijen (citroengras? koriander?), dat dit bier ondanks de sterkte een makkelijke doordrinkbaarheid verleent. Een ondergrond van lichtgekleurde mout is steeds merkbaar. In de afdronk schemert pittige hop door.
Land: Engeland
Alc.: 5,5%; serveertemp.: 9-12 °C

🏴󠁧󠁢󠁷󠁬󠁳󠁿 Otley O-Ho-Ho

De gestroomlijnde minimalistische marketing van dit product is een discussiepunt op zichzelf. Gelukkig stellen de bieren niet teleur. Een pittig fruitaroma (citroen, abrikoos), een stevige mondvullende ontplooiing van zoete lichtgekleurde mout gevolgd door bittere citroenschil. De afdronk is droog met een vaag rokerig effect.
Land: Wales
Alc.: 5%; serveertemp.: 9-12 °C

🏴󠁧󠁢󠁥󠁮󠁧󠁿 Sharp's Chalky's Bite

De meesterbrouwer Sharp bedacht Chalky's Bite samen met de chef zeebanket Rick Stein. Dit lichtgekleurde bier met veel body rijpt drie maanden op venkelzaad. Het heeft een malse zoetheid in de kern en een zachte moutachtige afdronk met een anijstoets.
Land: Engeland
Alc.: 6,8%; serveertemp.: 9-12 °C

De traditionele Engelse moriskendans tijdens een hopfestival in Faversham, Kent.

Tot 2006 werden vaten bier van Young (nu Wells & Young) afgeleverd met een door paarden getrokken brouwerswagen.

🏴󠁧󠁢󠁥󠁮󠁧󠁿 Thornbridge Kipling

De meeste kleine brouwerijen hebben maar één type bier; Thornbridge heeft er vier. Deze 'South Pacific Pale Ale' toont de unieke fruitige verfijndheid van de Nelson Sauvinhop; mild aromatisch, zacht van textuur en geurend naar lychee, vanille en passievrucht.

Serveren bij: gekruide amandelen, vis met Thaise kruiden
Land: Engeland
Alc.: 5,2%; serveertemp.: 9-11 °C

🇦🇺 Cooper's Sparkling Ale

Dit Australische bier is duidelijk geënt op de Engelse ale. De kern van lichtgekleurde knapperige mout ondersteunt een smaak van peer en zachte appel met misschien een toets van banaan. De afdronk is helder en fris.
Land: Australië
Alc.: 5,8%; serveertemp.: 10 °C

🇦🇺 Cooper's Pale Ale

Dit is een van de brouwsels die een bierliefhebber aanzetten tot het ontdekken van de wereld van het bier. Een lichte graanachtige toets lijkt op een lagerbier te duiden, maar deze ale is bovengistend en ondergaat een nagisting in de fles. Peer en kauwgom mengen met een licht bittertje in de afdronk.
Land: Australië
Alc.: 4,5%; serveertemp.: 8-12 °C

🏴󠁧󠁢󠁥󠁮󠁧󠁿 Wells & Youngs Young's Kew Gold

Hoewel deze brouwerij uit Londen is weggetrokken en een fusie is aangegaan met Charles Wells, om Wells & Youngs te vormen, is hun bier nog steeds goed (hoewel, voorspelbaar, niet meer wat het ooit was). Dit delicate goudkleurige bier heeft een licht moutaroma, fijne citrustoetsen in de ontwikkeling en een grassige hopafdronk. Een prima zomerse dorstlesser.
Land: Engeland
Alc.: 4,8%; serveertemp.: 9-11 °C

🏴󠁧󠁢󠁳󠁣󠁴󠁿 Isle Of Skye Hebridean Gold

In het aroma van dit delicate bier zit een geparfumeerdheid die doet denken aan heidehoning. Het 'geheime ingrediënt' is feitelijk havermout, wat blijkt uit de zachte textuur en vaag geroosterde nasmaak. Dit lichte, droge en iets wrange bier is een heerlijk aperitief.
Land: Schotland
Alc.: 4,3%; serveertemp.: 9-12 °C

goed gehopte doordrinkbieren

Bij zonnig en warm weer krijgen lichtgouden ales ineens een heel nieuwe aantrekkingskracht. De bieren in deze sectie zijn allemaal perfecte allrounders; een biertje na het werk, voor het eten of na een lange wandeling op het platteland. Het wat lagere alcoholgehalte is een extraatje, maar de meeste van deze bieren zijn vooral zo voortreffelijk vanwege de aanwezigheid van heldere, pittige hop. Het accent ligt een beetje op het moutkarakter, omdat de lichtgekleurde mout als het doek dient waarop de hop wordt geprojecteerd.

Een Schotse brouwerij op de oever van de Clyde in Glasgow.

🏴󠁧󠁢󠁳󠁣󠁴󠁿 Harviestoun Bitter & Twisted

Deze pittige lichtgekleurde bitter was een van de resultaten van de recente golf van Schots ambachtelijk brouwen; brouwer Stuart Cails bitter behoorde onmiddellijk tot de klassiekers. Gebrand goud van kleur met een verrukkelijk citrusaroma (citroen en grapefruit); een volmaakt samenspel tussen een bittere en een zoete smaak en een wat bitterder grapefruitsmaak in de afdronk.

Serveren bij: gegrilde kip (of een stevige vissoort) in een citroen-limoenmarinade
Land: Schotland
Alc.: 4,2%; serveertemp.: 9-12 °C

➕ St Austell Tribute

Ik sta altijd wat sceptisch tegenover bieren die beweren de essentie van een plaats te vangen. Is de essentie van Cornwall werkelijk lichtgekleurde mout en grapefruitschil? Anderzijds roept het drinken van Tribute wel de frisheid op van het kolkende water van de Atlantische Oceaan tussen de riffen aan de kust.
Land: Engeland
Alc.: 4,2%; serveertemp.: 10-12 °C

➕ Daleside Blonde

Dit goudkleurige bier omschrijft zichzelf als een 'gelagerde ale'. Het heeft een aroma van geroosterd kaf met een vleug citroen. Het lichte zoetje in de smaak wordt in evenwicht gebracht door pittige citroenachtige hop. De afdronk is tamelijk droog met een explosie van limoensorbet. Een kölsch uit Yorkshire misschien?
Land: Engeland
Alc.: 4,3%; serveertemp.: 8-10 °C

➕ Elland Beyond The Pale

Beyond the pale betekent 'buiten de perken'. Dit gebrand gouden palebier gaat inderdaad de perken van een palebier te buiten, maar niet veel. Het heeft een bekoorlijk citrusaroma met een licht koppige, geparfumeerde toets van tropisch fruit. Veel body met meer tropisch fruit. Een zachte middeldroge afdronk.
Land: Engeland
Alc.: 4,2%; serveertemp.: 11-13 °C

➕ Outlaw Wild Mule

Middelmatig vaalgoud met een aantrekkelijk aroma van tropisch fruit (passievrucht, kruisbes). Heerlijk hoppige aanzet (meer kruisbes) met een intense bitterheid die overgaat in een zachtbittere droogte. In de afdronk meer passievrucht naast een nootachtige smaak van geroosterde lichtgekleurde mout.
Land: Engeland
Alc.: 3,9%; serveertemp.: 10-12 °C

engelse ale, brits bier

🏴󠁧󠁢󠁥󠁮󠁧󠁿 Dark Star Hophead

Vaal strogoud met aroma's van citrusschil (grapefruit, mandarijn) die me zowel het water in de mond laten lopen als een droge keel geven. Pittige hopaanzet (citrusschil) met wat zachte toetsen van specerijen (koriander) en een golf van passievrucht bij het doorslikken. In de afdronk ontplooit zich geleidelijk wat bitterheid.

Serveren bij: op zichzelf al prima, maar licht pittige noten of kikkererwten smaken er goed bij
Land: Engeland
Alc.: 3,8%; **serveertemp.:** 9-12 °C

🏴󠁧󠁢󠁳󠁣󠁴󠁿 BrewDog Trashy Blonde

BrewDog staat bekend om zijn compromisloze houding en extreme bieren, maar maakt ook enkele 'gewone' bieren. Trashy Blonde is een goudkleurige ale met een heerlijke neus van tropisch fruit (passievrucht, mango), een zoete smaak (meer mango) en een lange zachtbittere afdronk
Land: Schotland
Alc.: 4,1%; **serveertemp.:** 9-12 °C

🏴󠁧󠁢󠁥󠁮󠁧󠁿 Roosters YPA

Vaal strogoud van kleur met een koppige florale toets (viooltjes?) en een zacht rodebessenkarakter. Een onderliggend karakter van tropisch fruit (passievrucht, guave) is door de pure, geroosterde lichtgekleurde moutsmaak geweven. De afdronk is droog en fris en dezelfde florale toets komt naar voren.
Land: Engeland
Alc.: 4,3%; **serveertemp.:** 9-12 °C

🏴󠁧󠁢󠁥󠁮󠁧󠁿 Crouch Vale Brewer's Gold

Heeft ietwat meer body dan de meeste goudkleurige ales. Een verleidelijk aroma van tropisch fruit en citrusschil in de neus. De smaak is enigszins pijnboomharsachtig met meer fruittoetsen (passievrucht), hoewel hij over het geheel genomen vrij droog is. De 'extra'-versie is vergelijkbaar, heeft alleen wat meer.
Land: Engeland
Alc.: 4%; **serveertemp.:** 9-12 °C

🏴󠁧󠁢󠁥󠁮󠁧󠁿 Oakham JHB

Vaal en goudkleurig met een fris, pittig aroma van citrus (citroen) en specerijen (citroengras). De smaak is aanvankelijk lichtelijk zoetig maar droogt snel tot een middeldroge, tamelijk bittere afdronk, met een licht geparfumeerd karakter; meer citroen en citroengras. Dit bier is meermaals in de prijzen gevallen.
Land: Engeland
Alc.: 3,8%; **serveertemp.:** 9-12 °C

Totdat in de jaren zestig ook in de hopteelt de mechanisatie toesloeg, voorzag het telen en plukken van hop vele plattelandsbewoners in Engeland van werk.

De campagne voor het ambachtelijke bier (real ale) was gericht tegen de bier in onder druk gezette vaten (hier afgebeeld); dit bier is vaak gefilterd en gepasteuriseerd. Men wilde liever traditioneel vatbier.

🏴󠁧󠁢󠁥󠁮󠁧󠁿 Copper Dragon Golden Pippin

Door recente investeringen in deze kleine brouwerij in Noord-Yorkshire lijkt hij door te schieten tot het hoogste niveau met dit vaalgouden bier als troef. Zachte lichtgekleurde mout domineert overal, met een lichte hoppige pittigheid in de neus en in de smaak. Middeldroge afdronk met wat nootachtige lichtgekleurde mout.

Serveren bij: eenvoudige borrelhapjes (noten, kaaskoekjes), maar niets vullends of pikants
Land: Engeland
Alc.: 3,9%; serveertemp.: 9-12 °C

🏴󠁧󠁢󠁷󠁬󠁳󠁿 Purple Moose Snowdonia Ale

Dit kopergouden bier heeft een erg pittig citrusaroma (sinaasappel en mandarijn). De aanzet begint met een golf van dezelfde citrus als in het aroma en is middelzoet met een vage stroeve toets. Een grote golf van florale hop bij het slikken wordt gevolgd door een frisse citrusachtige afdronk.
Land: Wales
Alc.: 3,6%; serveertemp.: 9-12 °C

🏴󠁧󠁢󠁥󠁮󠁧󠁿 Sharp's Cornish Coaster

Hoewel Sharp zich in de markt probeert te positioneren met hun Doom Bar bitter, is het hun lichtgouden ale die het voor mij helemaal maakt. Een neus van lichtgekleurde mout met wat vanillearoma, een lichte zuivere body en een zacht citroeneffect in de afdronk.
Land: Engeland
Alc.: 3,6%; serveertemp.: 9-12 °C

🏴󠁧󠁢󠁳󠁣󠁴󠁿 Atlas Latitude Highland Pilsner

Hoewel de aanduiding 'pilsener' verwarrend kan werken, heeft deze goudkleurige ale heel wat aantrekkelijks. Het aroma van pijnboomnaalden, de levendige citrusachtige frisheid van de smaak en het lang aanhoudende hopkarakter in de afdronk (pijnboom, mandarijn) maken dit tot een groot klein bier.
Land: Schotland
Alc.: 3,9%; serveertemp.: 9-12 °C

🏴󠁧󠁢󠁳󠁣󠁴󠁿 Caledonian Deuchars IPA

Dit lichtgekleurde bier – algemeen kampioen op het Great British Beer Festival 2002 – is een geweldig doordrinkbier met een prettig samenspel tussen geroosterd graan en een citroenachtig hoparoma in de neus. De frisse, pittige smaak van lichtgekleurde mout heeft een buitengewone volmondige breedte.
Land: Schotland
Alc.: 3,8%; serveertemp.: 9-12 °C

sterke ales

Over het geheel genomen zijn deze bieren niet buitengewoon sterk, vooral niet wanneer u bedenkt dat het sterkste bier in dit boek een alcoholpercentage heeft van maar liefst 27%. Toch worden deze bieren gewoon in een bierglas geserveerd, en het is dus erg makkelijk om er te veel van te drinken (zie voor mijn persoonlijke ervaringen hiermee de tekst bij Badger Tanglefoot). Als u bieren van 8% of zwaarder gaat drinken, is het verstandig u te beperken tot één glas of er eventueel een te delen. Deze bieren hebben erg veel smaak.

Veel bieren zijn alleen als tapbier (uit het vat) verkrijgbaar.

🏴󠁧󠁢󠁥󠁮󠁧󠁿 Durham Evensong

Deze rijke robijnkleurige ale is gebaseerd op een recept uit 1937 en zit vol met aroma's van sinaasappelvlies, meloen en rijpe appel. Hij heeft een middelzoete nootachtige smaak en een hint van gerookte mout in de afdronk. Terecht CAMRA's Champion bottled beer of Britain 2005.

Serveren bij: klassiek picknickvoedsel, zoals quiche, kaas met zilveruitjes of augurken; ook lekker bij spareribs van de barbecue of een salade van gerookte kip
Land: Engeland
Alc.: 5%; serveertemp.: 10-13 °C

🇺🇸 Rogue Morimoto Black Obi Soba Ale

Een zeer donkerrode ale met een lang staande roomkleurige schuimkraag. De neus van koffie en gedroogd fruit is typisch voor een donker bier. Daarnaast er is er een hint van zwarte bessen die duidelijker uitkomt in de smaak. De afdronk is verbazingwekkend licht en fruitig. Lekker en verrassend complex.
Land: Verenigde Staten
Alc.: 5%; serveertemp.: 9-11 °C

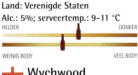

🏴󠁧󠁢󠁥󠁮󠁧󠁿 Wychwood Hobgoblin

De bieren van Wychwood (en vele die door hen op contractbasis worden gebrouwen) hebben een heerlijk mals karakter en dit, hun vlaggenschip, vormt geen uitzondering. Gedroogd fruit (dadel) en kauwgom in de neus; een middelzoete vruchtentaartsmaak en een nootachtige, bittere afdronk.
Land: Engeland
Alc.: 5,2%; serveertemp.: 10-13 °C

🇫🇷 Coreff Ambrée

Door dit als Engelse ale te presenteren, wordt deze Franse ale niet Britser, maar *tant pis*. Het is een donkerbruin en lichtelijk moutachtig bier met veel body en een nootachtige toets die herinnert aan een Engelse mild. Met een hint van wrange fermentatie van wilde gist, die het een ongewoon, maar aangenaam complex kantje geeft.
Land: Frankrijk
Alc.: 5%; serveertemp.: 9-11 °C

🏴󠁧󠁢󠁥󠁮󠁧󠁿 Wells & Youngs Bombardier

Dit zichzelf 'drink of England' noemende bier is een rechttoe rechtaan soort bier. Donker koperbruin met een pikante, bijna peperachtige hopneus en een hint van toffeearoma afkomstig van de mout. In de ontwikkeling wat karamel en een evenwichtige bitterzoete afdronk.
Land: Engeland
Alc.: 5,2%; serveertemp.: 10-13 °C

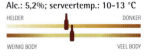

🏴󠁧󠁢󠁥󠁮󠁧󠁿 St Austell Admiral's Ale

Een deel van het malse karakter van deze bronskleurige ale komt van de Cornish Goldmout. Een lichte toets van toffee en sinaasappelmarmelade in het aroma levert het voorspel voor een smaakuitbarsting van pittige citrus (cascadehop) met een ondersteunend moutkarakter. Heerlijke bitterzoete afdronk die lang blijft hangen.

Serveren bij: lichte kerrieschotels of alles waar chutney bij past (vlees of kaas)
Land: Engeland
Alc.: 5%; serveertemp.: 9-13 °C

🏴󠁧󠁢󠁥󠁮󠁧󠁿 Black Sheep Riggwelter

De naam uit het Oudnoors verwijst naar het vermogen van dit bier om de drinker op zijn rug te krijgen. Inderdaad zouden enkele glazen van dit bier hiertoe kunnen leiden. Zoete vruchtentaart-aroma's, een nootachtige toffeesmaak en een lange verwarmende afdronk.
Land: Engeland
Alc.: 5,7%; serveertemp.: 10-13 °C

🇺🇸 Anchor Brewing Liberty Ale

Anchor kan aanspraak maken op de eer als oprichter van het ambachtelijke Amerikaanse brouwerijgebeuren, maar houdt zich met gepaste bescheidenheid bij zijn bier. Een heerlijk wrang mandarijnhopkarakter op een elegante moutkern. Herinnert aan een Engelse ale met iets meer veerkracht.
Land: Verenigde Staten
Alc.: 5,9%; serveertemp.: 10 °C

🏴󠁧󠁢󠁥󠁮󠁧󠁿 Daleside Ripon Jewel

Deze amberkleurige ale heeft een geur van sinaasappelschil en venkelzaad. De heerlijke fruitsmaak (abrikoos? meloen?) gaat bij het doorslikken over in een golf van knapperige moutigheid gevolgd door een bitterzoete afdronk met nog meer fruit en hop.
Land: Engeland
Alc.: 5,8%; serveertemp.: 10-13 °C

🏴󠁧󠁢󠁥󠁮󠁧󠁿 Hall & Woodhouse Badger Tanglefoot

Een bedrieglijk doordrinkbaar amber-koperkleurig bier. Als tiener dronk ik er op een avond een halve liter van met akelige gevolgen. Dat ik het nog steeds drink, pleit voor dit brouwsel met aroma's van geroosterd graan, een zachte fruitigheid en een lichtwrange, droge afdronk.
Land: Engeland
Alc.: 5%; serveertemp.: 13 °C

Traditionele pubs zijn nog steeds het hart van enkele Engelse plattelandsgemeenschappen.

Een brouwerijtechnoloog schenkt een glas in om te proeven.

🏴󠁧󠁢󠁥󠁮󠁧󠁿 Young's Special London Ale

Men maakte zich zorgen om dit bier toen de brouwerij fuseerde met Charles Wells en naar Bedford verhuisde. Wees gerust: het opwekkende peperachtige karakter (met een hint van eucalyptus?) van het aroma en de aardse wrange sinaasappelschilachtige bitterheid zijn bewaard gebleven. Een soort klassieker.

Serveren bij: bijna alle hartige gerechten, van een typisch Britse *Ploughman's lunch* (met ham en stilton) tot burrito's voor op de barbecue
Land: Engeland
Alc.: 6,2%; serveertemp.: 10-13 °C

🏴󠁧󠁢󠁥󠁮󠁧󠁿 Black Sheep Yorkshire Square Ale

Genoemd naar het in Yorkshire traditionele leistenen dubbellaags vergistingsvat, dat een robuuster, gerond karakter aan het bier zou geven. Hierdoor hebben de Black Sheep's kenmerkende toetsen van toffee, butterscotch en hopzak, en een geronde vollere afdronk.
Land: Engeland
Alc.: 5%; serveertemp.: 11-14 °C

🏴󠁧󠁢󠁥󠁮󠁧󠁿 Thornbridge Bracia

Sommige bieren zijn zo complex, daar kun je je alleen maar aan overgeven. Koppige honigachtige toetsen drijven boven het aardse nootachtige geroosterde aroma. Eerst zoet, daarna bittere mokka met een vleugje turfrook, dan meer heerlijke honingsmaken. Een afdronk van pure chocolade en bijenwas. Verbazingwekkend.
Land: Engeland
Alc.: 9%; serveertemp.: 13-16 °C

🏴󠁧󠁢󠁥󠁮󠁧󠁿 Duchy Originals Organic Ale

Deze koperkleurige ale gebruikt biologische *plumage archer*-gerst, die ook op de landerijen van prins Charles' Highgrove Estate wordt verbouwd. Het bier heeft een heerlijk mals moutkarakter (sinaasappelschil, rijpe appel, kauwgom), een zacht kruidige hopdimensie en een geronde, lichtzoete afdronk.
Land: Engeland
Alc.: 5%; serveertemp.: 12-14 °C

🏴󠁧󠁢󠁥󠁮󠁧󠁿 Duchy Originals Winter Ale

Deze kastanjekleurige ale is verkrijgbaar in de winter. Dit volle complexe bier dankt zijn smaak aan rogge en haver in combinatie met gemoute gerst. Karamel, noten en pruimen in de neus leiden naar een zoetige, donkerder fruitsmaak. Een lichtzoete afdronk, rijk en tamelijk complex.
Land: Engeland
Alc.: 6,2%; serveertemp.: 12-14°

engelse ale, brits bier

🏴󠁧󠁢󠁥󠁮󠁧󠁿 Worthington White Shield

Dit volwassen bier wordt gebrouwen door Steve Wellington uit Burton upon Trent. Deze gebrand koperkleurige ale heeft toetsen van sinaasappelvlies en -bloesem, zwarte peper, ananas en een enorme moutachtige zoetheid, in zijn greep gehouden door een krachtige expressieve aanwezigheid van hop.

Serveren bij: sterke kaassoorten en kruidige gerechten (kip tandoori)
Land: Engeland
Alc.: 5,6%; serveertemp.: 9-12 °C

🇦🇺 Cooper's Vintage Ale

Dit mistige koper-amberkleurige bier, volgens sommigen gewoonweg je van het, heeft een moutkarakter van gedroogd fruit in de neus. Gedroogd fruit (dadel?) is ook in de smaak herkenbaar, samen met toetsen van toffee en overrijp fruit. Middeldroge afdronk.
Land: Australië
Alc.: 7,5%; serveertemp.: 9-12 °C

🇺🇸 Stone Arrogant Bastard Ale

De lucht is gevuld met het stekelige aroma van pittige peperige hop die in een zee van honingzoete karamel verdrinkt wanneer een golf bruine suiker, tropisch fruit en meer bittere, harsachtige hop over uw verhemelte spoelt. Wat had u dán verwacht van een bier met zo'n naam?
Land: Verenigde Staten
Alc.: 7,2%; serveertemp.: 9-12 °C

🏴󠁧󠁢󠁥󠁮󠁧󠁿 Samuel Smith's Yorkshire Stingo

Fruitige mout overheerst het aroma zoals bij veel ales van Sam Smith. Gedroogd fruit, moutbrood, bruine suiker en een toets van rum wijzen de weg naar een massieve zoetige smaak en meer gedroogd fruit (vijg en dadel). Een wrange toets en een droge afdronk houden het geheel interessant.
Land: Engeland
Alc.: 8%; serveertemp.: 9-12 °C

🇺🇸 Rogue Dead Guy Ale

De brouwerij omschrijft dit bier als 'in de stijl van een Duitse *Maibock*', maar als de Duitsers een dergelijke goede meibock zouden maken, hoefden ze deze Dead Guy niet te importeren! Diep amberkleurig met een rijk aroma van geroosterde mout en karamel. Fruitig en bitterzoet van smaak met een hoppige afdronk.
Land: Verenigde Staten
Alc.: 6,6%; serveertemp.: 9-12 °C

Traditionele klederdracht en lekkernijen zoals pretzels horen bij het Oktoberfest.

schotse ale

Ik maak geen vrienden ten noorden van de Engelse grens door Schotse bieren op te nemen in een hoofdstuk 'Engelse ale, Brits bier', maar de brouwtechnieken zijn nagenoeg gelijk. Toch is de Schotse bierstijl herkenbaar; de nadruk ligt meer op de zoetheid van de mout. Hierdoor zijn Schotse bieren hartiger en robuuster dan hun fatterige zuidelijke neefjes. De sterke Schotse ale staat ook bekend als *wee heavy*, en de klassieker daaronder, de Orkney Skullsplitter, wordt beschreven op blz. 273 in het hoofdstuk over speciaalbieren.

Zonsopgang op de Orkneyeilanden – hart van de Schotse traditionele ambachtelijke brouwerijen.

🏴󠁧󠁢󠁳󠁣󠁴󠁿 Atlas Three Sisters

Dit is een moderne versie van een klassieke Schotse ale. Hij heeft een aantrekkelijk onverbloemd van hop afkomstig fruitkarakter in de neus, met rijpe rode bosvruchten en een hint van rijpe perzik. De smaak is tamelijk droog en in de afdronk verschijnt meer fruit samen met een vage rookachtige toets.

Serveren bij: de baas van de brouwerij beveelt *haggis*, wild, kip of rookkaas aan
Land: Schotland
Alc.: 4,2%; serveertemp.: 8-12 °C

🏴󠁧󠁢󠁳󠁣󠁴󠁿 Orkney Dark Island

Deze donkere ale is werkelijk afgeladen. De neus geeft cacao en versgemalen koffie met wat gedroogd fruit. De smaak is tamelijk droog maar een golf van smaak in de mond onthult rook, verse koffie, wat nootachtigheid, meer donker gedroogd fruit en wat bittere hop. Erg lekker.
Land: Schotland
Alc.: 4,6%; serveertemp.: 9-12 °C

🏴󠁧󠁢󠁳󠁣󠁴󠁿 Orkney Red MacGregor

Het aroma van deze koperbruine ale is fantastisch complex: kersen, gekneusd blad en een vage florale toets. Ook in de smaak kersen, samen met een karakter van goed geroosterd graan. Een vrij droge afdronk met meer fruit, en de florale toets komt opnieuw naar boven.
Land: Schotland
Alc.: 4%; serveertemp.: 9-12 °C

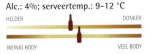

🏴󠁧󠁢󠁳󠁣󠁴󠁿 Isle Of Skye Black Cuillin

Ik ben dol op havermoutcrackers met oude kaas en honing, en de smaken van dit bier herinneren me daaraan (behalve de kaas, natuurlijk). Nootachtige geroosterde haver in de neus, wat nootachtige koffie in de smaak en in de afdronk schemert heidehoning door.
Land: Schotland
Alc.: 4,5%; serveertemp.: 10-13 °C

🏴󠁧󠁢󠁳󠁣󠁴󠁿 McEwans Champion

Aroma's van honing, banaan en dadel naast een vage vleug alcohol in de neus van deze amberbruine ale. Karamel en gedroogd fruit (dadels, gele rozijnen) in de tamelijk zoete smaak. De afdronk heeft een milde scheut alcohol en een iets peperachtig karakter.
Land: Schotland
Alc.: 7,3%; serveertemp.: 10-13 °C

tarwebier

Tarwebier heeft een imagoprobleem. De meeste mensen gruwen bij het idee een bier te drinken dat ondoorzichtig is. Het is moeilijk om het gevoel kwijt te raken dat er iets mis mee is; dat je er ziek van wordt of er een enorme kater van krijgt. Het ziet er vies uit, dus smaakt het vast vreselijk. Natuurlijk klopt daar helemaal niets van. Er is zelfs een heleboel werk voor nodig om een bier er zo uit te laten zien. Anders dan gerst heeft tarwe geen taaie kafhuls en daardoor heeft hij de neiging om het filterproces te verpesten. Deze bieren smaken absoluut niet vreselijk; het zijn vaak heel zachte, luchtige, uiterst toegankelijke bieren. De wolkige tarwebieren zijn gewoonlijk in twee soorten onder te verdelen: Belgisch witbier en Duits weissebier.

Het klassieke witbier is een wolkig oranjegouden bier met een uitgesproken kruidigheid in de neus – niet zo vreemd als u weet dat dit type bier vaak met specerijen wordt gebrouwen, vooral Curaçaoschillen (de schil van zure bittere sinaasappels, die speciaal voor het bierbrouwen wordt gebruikt) en korianderzaad. Dit type bier was bijna verdwenen, tot Pierre Celis aan het einde van de jaren zestig de Hoegaardenbrouwerij in het leven riep. Nadat hij werd uitgekocht door Interbrew (nu A-B InBev), verhuisde Celis naar Austin, Texas, en begon een nieuwe brouwerij. Ook deze werd door een grote brouwerij opgekocht, en daarna helaas gesloten. Ironisch genoeg wordt zijn oorspronkelijke Amerikaanse bier, Celis White, nu door de Belgische brouwerij Van Steenberge gebrouwen. Het is een heerlijk karaktervol witbier dat met kop en schouders uitsteekt boven de andere witbieren.

Beiers witbier is heel andere koek. Dat is eveneens wolkig en heeft ook een kruidig accent, maar doordat het alleen van mout, water, gist en hop is gemaakt, komt hier de kruidigheid van het vergisten en niet van toevoegingen in de brouwketel. De werking van de gist op de vergistbare suiker is verantwoordelijk voor de volle, fruitige esters die dit type bier kenmerken – de vruchtensmaken van banaan en peer; de specerijensmaken van kruidnagel, nootmuskaat en kaneel. Er zit betrekkelijk weinig hop in dit mengsel; hop dient hier alleen om het bier wat structuur te geven en niet om qua smaak te overheersen. Dit bier is weinig bitter, wat het aantrekkelijk maakt voor mensen die niet van bitter bier houden. Maar het zijn hoe dan ook heerlijke bieren voor iedereen.

Zet uw vooroordelen tegen wolkig bier dus opzij. Natuurlijk horen de meeste bieren niet wolkig te zijn, maar bij tarwebier is dat juist goed. Een groot glas wolkig witbier, wit of weisse, is een stukje vloeibare gastronomie.

witbier

De bieren op de volgende bladzijde zijn allemaal witbieren in Belgische stijl, hoewel alleen de eerste twee klassieke witbieren zijn. Belgische witbieren zijn licht en verfrissend (hoewel sommige bierpuristen hun neus ophalen voor Hoegaarden omdat het van een grote brouwerij afkomstig is; dit bier won echter wel goud op de World Beer Cup 2008). De overige bieren zijn variaties op een thema, meestal met een flinke versterking van de body en het alcoholpercentage voor een grotere kick. Ze zijn beslist sterker en lekker om te drinken, maar ze missen wel wat van het verfrissende karakter van het klassieke witbier.

Kantel het glas tijdens het inschenken van tarwebier; het schuim vloeit anders gemakkelijk over de rand van het glas.

🇧🇪 Hoegaarden Wit

Met het goud op de World Beer Cup in 2008 (veertig jaar nadat dit bier voor het eerst werd gebrouwen) heeft Hoegaarden Wit zijn geloofwaardigheid als standaard opnieuw gevestigd. Wolkig geel met een neus van citrus en specerijen; door de zachte, luchtige smaak en korte zoetige afdronk drinkt dit bier makkelijk weg.

Serveren bij: deze allrounder is lekker bij een zeevruchtensalade met citroendressing
Land: België
Alc.: 4,9%; serveertemp.: 9-10 °C

🇧🇪 Van Steenberge Celis Wit

Als dit bier maatgevend is voor het bier dat Pierre Celis brouwde toen hij eind jaren zestig de Hoegaardenbrouwerij herstartte, snapt u waarom het meteen aansloeg. Heldere, pittige koriander en citrus barsten uit het glas, spuiten zachtjes langs het gehemelte en laten een frisse pittige afdronk met een limoenaccent achter.
Land: België
Alc.: 5%; serveertemp.: 9-10 °C

🇧🇪 Ellezelloise Saisis

België is het thuisland voor enkele van 's werelds meest excentrieke brouwers. Dit bier, dat de peperige kruidige droogte van een tripel combineert met de zachte aromatische specerijen van een witbier, laat dat zien. Afwisselend prikkelend, zacht, pittig en bitter, maar toch past het allemaal prima bij elkaar.
Land: België
Alc.: 5,9%; serveertemp.: 7-10 °C

🇳🇱 't IJ Scharrel IJwit

Dit mistige goudkleurige bier heeft het pittige wilde accent van 't IJ, maar het zachte specerijenaroma (korianderzaad) en de geronde luchtige textuur doen meer denken aan een Belgisch tarwebier. Maar hoeveel kunt u drinken van een bier met 7% alcohol? Een tarweachtige afdronk met een citroenaccent.
Land: Nederland
Alc.: 7%; serveertemp.: 7-10 °C

🇧🇪 Abbaye Des Rocs Blanche Des Honnelles

Dit mistige abrikooskleurige bier presenteert zichzelf als een 'dubbel wit'. Het heeft wat meer aanwezigheid dan een gewoon witbier. De toets van sinaasappelschil in het aroma zou bijna van hop afkomstig kunnen zijn. De zachte textuur voert wat meer kruidigheid en wat bitterheid mee. Erg lekker.
Land: België
Alc.: 6%; serveertemp.: 7-10 °C

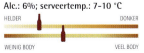

tarwebier

weissebier

De tarwebieren uit Zuid-Duitsland zijn klassiekers in de wereld van het bier, hoewel ze naar mijn mening ondergewaardeerd worden. Ik weet niet precies hoe dat komt. De hier besproken bieren zijn onweerstaanbaar lekker – zacht getextureerd, fruitig en aantrekkelijk, niet overmatig bitter – en toch bekijken veel bierdrinkers ze met wantrouwen. Ze hebben alleen zichzelf ermee. De twee niet-Duitse indringers heb ik niet uitsluitend opgenomen vanwege de noviteit; beide laten goed zien waarom een witbier zo lekker wegdrinkt. Te midden van de klassiekers in deze stijl houden deze twee bieren zich prima staande.

Obatzda (een smeerbare kaas) met wat bier erbij is een Beierse delicatesse.

🇩🇪 Schneider Weisse

De Schneider Weisse is ietwat donkerder dan gebruikelijk voor een hefeweisse (levend witbier). Dit fantastische doordrinkbier is wolkig en ondoorzichtig, en heeft een middelbruine kleur. Een aantrekkelijk aroma van bananenbrood en koekkruiden (kruidnagel, piment). Zacht en schuimig met kauwgom en meer bananenbrood in de afdronk. Een persoonlijke favoriet.

Serveren bij: gebraden varkensvlees, curry's, lunchgerechten met roerei
Land: Duitsland
Alc.: 5,4%; serveertemp.: 9-12 °C

🇩🇪 Bolten Ur-Weizen

De bieren van deze brouwerij die enkele kilometers buiten Düsseldorf ligt, hebben een aangename soberheid. Ze zijn niet opvallend, wel goed. De Ur-Weizen heeft een zacht, gistachtig aroma met toetsen van brood, appel en citroen. Een zachte textuur en een droge afdronk met een ondertoon van appel.
Land: Duitsland
Alc.: 5,4%; serveertemp.: 7-10 °C

🇩🇪 Weltenburger Kloster Hefe-Weissebier Hell

Wolkig goudgeel met een rijk, ietwat romig aroma waarin naast de gebruikelijke toetsen van banaan en specerijen hints van honing en sinaasappel aanwezig zijn. Tamelijk licht van body. Meer kruidige sinaasappel in de smaak en afdronk. Licht, puur en erg doordrinkbaar.
Land: Duitsland
Alc.: 5,4%; serveertemp.: 8-10 °C

🇩🇪 Erdinger Schneeweisse

Erdingers winterbier Schneeweisse ('Sneeuwwitje'; de begeleidende dwergen blijven helaas onvermeld) is een spannend bier. Kauwgom, banaan en peer op een basis van custard met koekkruiden. De afdronk is fruitig en kruidig, maar tamelijk droog.
Land: Duitsland
Alc.: 5,6%; serveertemp.: 7-10 °C

🇩🇪 Weihenstephaner Kristall Weissebier

Dit vaalgouden weissebier is gefilterd en daarom niet mistig. Het heeft een zachte fruitigheid (rijpe appel, banaan) en wat kaneel. Luchtig en zacht van smaak. In de mond een golf van fruit en specerijen, gevolgd door een middeldroge afdronk.
Land: Duitsland
Alc.: 5,4%; serveertemp.: 9-12 °C

🇳🇱 Grolsch Weizen

Dat is vreemd: dit bier is gebrouwen in Nederland, maar heeft alle kenmerken van een Beiers tarwebier en een hint van in Belgisch witbier gebruikte specerijen. Een wolkig abrikooskleurig bier met banaan en kruidnagel in de neus, een lekker romige textuur en een geurig gekruide afdronk.

Serveren bij: gesmoorde venkel met varkensvlees, stevige vissoorten in botersaus
Land: Nederland
Alc.: 5,3%; serveertemp.: 9-11 °C

🇩🇪 Weihenstephaner Hefe Weissebier

Deze klassieker is afkomstig van de oudste brouwerij ter wereld. Vaal mistig oranje met kruidnagel, nootmuskaat, appel en banaan en een hint van citrusachtige hop (ongewoon voor een weissebier). De afdronk is middellang met duidelijk aanwezig fruit en specerijen en een vaag bittertje.
Land: Duitsland
Alc.: 5,4%; serveertemp.: 9-12 °C

🇩🇪 Paulaner Hefe-Weissebier

Dit vaaloranje bier heeft een aangename hoeveelheid fruit in de neus (peer, rijpe appel) maar slechts een geringe aanduiding van specerijen. Een levendige smaak met een bittertje op de achtergrond. De kruidige middeldroge afdronk heeft een vaag medicinaal smaakje.
Land: Duitsland
Alc.: 5,5%; serveertemp.: 9-12 °C

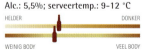

🇩🇪 Maisel's Weisse

De ietwat donkerder kleur van Maisel's Weisse suggereert dat alles een tikje meer zal zijn. Het is wat donkerder, wat fruitiger, wat kruidiger en blijft wat langer hangen dan de meeste vergelijkbare bieren. Dat maakt het tot een wat interessanter bier om te drinken.
Land: Duitsland
Alc.: 5,2%; serveertemp.: 9-10 °C

🇩🇪 Erdinger Weissebier

Dit middel-vaalgekleurde weissebier zit vol aroma's van fruit en specerijen, een aangename florale toets en een suggestie van roze kauwgum, gecombineerd met een hint van zoete deegachtige mout. De smaak is zacht en gerond met een milde broodachtige toets en wat specerijen in de afdronk.
Land: Duitsland
Alc.: 5,3%; serveertemp.: 8-12 °C

Doordat tarwe zo belangrijk was voor het maken van brood, was het gebruik ervan in de bierproductie in de zestiende eeuw bij wet verboden.

De *Stammtisch* (stamtafel) – een tafel die in de Duitse biergarten geserveerd was voor reguliere bierdrinkers.

🇺🇸 Gordon Biersch Hefeweizen

Sterk wolkig bier met de zachte oranjeroze kleur van perzikschil. Boven de klassieke hefeweizenaroma's van banaan en specerijen zweeft een vage vleug eucalyptus of munt. Een heerlijk zachte textuur met wat aangename sinaasappeltoetsen die van de hop afkomstig lijken te zijn. Een licht-droge harsachtige afdronk.

Serveren bij: pittige curry's, Mexicaanse *mole*, met kruidnagels ingestoken gebraden ham
Land: Verenigde Staten
Alc.: 5,4%; serveertemp.: 9-12 °C

🇩🇪 Freising Huber Weisses Original

Dit tamelijk vaalgouden tarwebier is meer mistig dan wolkig. De lichte citroenachtige toetsen suggereren een luchtige lichtheid naast de kenmerkende aroma's van banaan en specerijen. Dit bier heeft een lichte body, maar een goede smaakintensiteit. Puur, verfrissend en erg doordrinkbaar.
Land: Duitsland
Alc.: 5,4%; serveertemp.: 9-12 °C

🇩🇪 Maisel's Dunkel

Door de vaag rokerige rijkdom boven op de meer gebruikelijke banaan- en specerijenaroma's ontstaat een impressie van vruchtentaart met vanilleroomijs. De zijdeachtige textuur in de mond plus het gedroogde fruit en de winterse specerijen in de afdronk vergroten deze indruk.
Land: Duitsland
Alc.: 5,2%; serveertemp.: 9-12 °C

🇩🇪 Hacker-Pschorr Hefe-Weisse

Dit oranjegouden en sterk wolkige weissebier heeft een assertief en erg aantrekkelijk karakter. Onder de aroma's van banaan, rijpe appel en specerijen zit een hint van roze kauwgom. Dit bier heeft veel body en is gerond en zacht van smaak. De afdronk is pittig en stevig.
Land: Duitsland
Alc.: 5,5%; serveertemp.: 9-12 °C

🇩🇪 Erdinger Weissebier Dunkel

Dit bier ziet eruit als een glas koolzuurhoudende stout met zijn donkere kleur en luchtige schuimkraag, maar daar houdt de gelijkenis dan ook op. Gedroogd fruit, banaan en cacao in de neus. Een volle middelzoete smaak met meer gedroogd fruit, cacao en cola in de middeldroge afdronk.
Land: Duitsland
Alc.: 5,6%; serveertemp.: 9-12 °C

weissebock

We kwamen het woord 'bockbier' al tegen in het hoofdstuk over lagerbier, en u herinnert zich vast nog wel dat daarmee een zwaarder bier wordt aangeduid. Hetzelfde geldt ook hier; weissebocks en weizenbocks zijn zwaardere tarwebockbieren. Gewoonlijk is er wat alcohol te proeven in de smaak of afdronk, maar deze bieren zijn vooral gevaarlijk doordrinkbaar: ze weten hun sterkte behoorlijk goed te verbergen. Schönram Festweisse pretendeert weliswaar niet een weissebock te zijn, maar is hier beland omdat vier voorbeelden wat weinig was en Festweisse gewoon goed in deze categorie past.

Met Volker Rothbauers *BrauEule* (brouwuil) kunnen Duitsers thuis hun traditionele bieren brouwen.

🇩🇪 Schneider Aventinus

De vader van de weissebieren is donker mahoniebruin. Aroma's van bananenbrood en specerijen samen met rozijnen, toffee en cacao. Hoewel dit bier een middelmatige body heeft, blijkt een extra sterkte vooral uit de intensiteit van de smaken – cacao, rijpe banaan, koekkruiden. Een lichte warmte met wat alcohol in de afdronk.

Serveren bij: eend (met vruchtensaus), met pruimen gevuld varkensvlees, vruchtentaart
Land: Duitsland
Alc.: 8%; serveertemp.: 9-10 °C

🇩🇪 Schneider Schneider & Brooklyner Hopfen-Weisse

Een vernieuwende samenwerking tussen de Brooklyn- en Schneiderbrouwerijen. Krachtige fruitige banaanesters hangen boven een soepele sinaasappelachtige hop. In de afdronk geparfumeerde florale toetsen naast een licht kruidige bitterheid.
Land: Duitsland
Alc.: 8,2%; serveertemp.: 9-12 °C

🇩🇪 Ayinger Weizen Bock

Perzikachtig oranje van kleur en een robuust aroma van fruit en specerijen (peer, banaan, kruidnagel). Het bier komt in de mond tot leven en heeft veel body; een volle romige smaak met veel fruit. Drinkt heerlijk weg. Een betrekkelijk nieuw bier, en een klassieker in wording.
Land: Duitsland
Alc.: 7,1%; serveertemp.: 7-10 °C

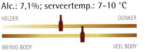

🇩🇪 Erdinger Pikantus

Er is een heerlijke diepte van gedroogd fruit in deze donkerbruine weissebock die de kroon is op het assortiment van deze brouwer. Erdingers bieren neigen meer naar fruit dan naar specerijen en dat komt goed tot uitdrukking in de middelzoete smaken van vijg en rozijn in dit bier. Tamelijk droge, ietwat warme afdronk.
Land: Duitsland
Alc.: 7,3%; serveertemp.: 9-13 °C

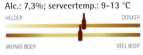

🇩🇪 Schönram Festweisse

In dit wolkige perzikkleurige bier vinden we enkele klassieke en verrukkelijke aroma's van weissebier – banaan, kruidnagel en wat zuurtjesesters. De krachtige smaak heeft een luchtige textuur en draagt wat zuivere banaan naar de zachte, geronde afdronk. Erg lekker.
Land: Duitsland
Alc.: 5,6%; serveertemp.: 9-13 °C

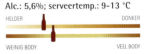

tarwebier 151

wild & fruitig

In een wereld vol steriele voedselproductie, die geobsedeerd is door houdbaarheidsdata, passen de bieren in dit hoofdstuk eigenlijk niet. Vrijwel elk van deze bieren is onderhevig aan enige bacteriële verontreiniging. Natuurlijk verbeteren sommige voedingsproducten door de werking van schimmels of bacteriën; zonder deze invloeden zou bijvoorbeeld kaas erg saai zijn, zowel qua assortiment als qua smaak. Maar wat te denken van bier?

Bier kan op twee manieren door 'wilde' organismen worden beïnvloed. Zo wordt lambiekbier door wilde gisten vergist, en als bier op hout wordt gelagerd, maken de bacteriën die in het houten vat leven (als groep 'vatflora' genoemd) een krachtige impressie in het bier.

Lambiekbier is een regionale Belgische specialiteit, vooral van Brussel. Het microklimaat dat nodig is voor de wilde gisten om bier te kunnen vergisten bestaat slechts op een paar plaatsen. Grote brouwerijen spannen zich juist enorm in om deze wilde gisten kwijt te raken, maar de brouwers van lambiekbier zetten letterlijk hun deuren en ramen wijd open om ze te verwelkomen en plaatsen zelfs luikjes in het dak, zodat de wilde gisten naar binnen kunnen. Deze wilde veelstammige gisten produceren complexe prikkelende bieren met allerlei ongewone smaken en aroma's. Omdat de brouwers dit nog niet genoeg vinden, lageren ze de bieren nog minstens een jaar in houten vaten, waardoor de vatflora zijn werk kan doen. De lactobacillus- en pediococcusbacterie en de brettanomycesgist, om er eens drie te noemen, proberen alle om van het bier een zure, bedorven puinhoop te maken. Bieren van verschillende leeftijden (gewoonlijk een jong en een oud) worden gemengd om een bier genaamd gueuze (geuze) te maken. Gueuze verrijst na een tweede gisting als een lekker wrang bier en heeft een stamboom die eeuwen teruggaat. Eventueel wordt aan jonge lambiek fruit toegevoegd, wat niet alleen de vergisting bevordert maar ook een welkome zoete toets (en vertrouwde smaak) geeft aan deze uitdagende biersoort. Maar niet al deze bieren zijn zo speciaal – de beste zijn fantastisch in balans. Mocht het u allemaal wat te veel worden, dan kunt u altijd nog terugvallen op de plaatselijke specialiteit fero (een aangezoet gueuzebier) of een van de commerciëlere, gezoete lambieks.

De zurige rode en bruine ales uit Vlaanderen verdienen speciale aandacht. Deze bieren hebben een lange rijpingstijd op hout en gebruiken complexe gisten van meervoudige stammen om een uniek complex eindproduct te verkrijgen. Hoewel niet iedereen deze bieren kan waarderen, is het een opwindend idee dat je voor slechts enkele euro's een stukje levende geschiedenis proeft.

vlaamse bruine ale

De bieren in Vlaanderen zijn gebaseerd op of vergelijkbaar met een ongewone zoetzure bruine ale uit Vlaanderen, met een vergisting door meervoudige giststammen en een zoete, wilde complexiteit. Sommige bieren danken hun complexiteit daarnaast aan het lageren op houten vaten en de invloed van de organismen in het hout. Zoals met alle Belgische (en op Belgische bieren geïnspireerde) bieren is er een verrassende hoeveelheid variatie tussen de verschillende bieren, maar alle hebben iets van die karakteristieke wrangheid. Behalve dan Lindeman's Pecheresse, dat puur plezier is.

Het stadhuis in Brugge, een van de belangrijkste centra van het Belgische bierbrouwen.

🇧🇪 Verhaeghe Duchesse De Bourgogne

In het aroma ontdekken we een lichte vleug van ingelegde uitjes, een zurige toets die samengaat met de hartige, bijna minerale toets. Als u de moed kunt opbrengen om dit bier te drinken, wordt u beloond met een prima voorbeeld van een zoet-pittige Vlaamse bruine ale. Complex maar erg doordrinkbaar.

Serveren bij: sterke ambachtelijke kaassoorten, ingelegde haring, mosselen

Land: België
Alc.: 6,2%; serveertemp.: 9-13 °C

🇧🇪 Liefmans Goudenband

Hoewel dit bier duidelijk nog steeds wordt geproduceerd (het vormt de basis voor Liefmans' Kriek en Frambozen), is het tegenwoordig steeds moeilijker te vinden. Jammer, want dit rijke, complexe bier is een klassiek voorbeeld van Vlaams gebrouwen ale. Een middelzoete smaak en een lange, lichtzure afdronk.
Land: België
Alc.: 8%; serveertemp.: 13 °C

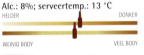

🇺🇸 Deschutes The Dissident

Een soort kruising tussen een lambiek en bruine ale. Het heeft een fruitige en zure neus en een soepele complexe kersachtige wrangheid in de smaak. Ik betwijfel of er voldoende superlatieven bestaan om dit bier te beschrijven, daarom houd ik het op een kreun van genot. Zalig!
Land: Verenigde Staten
Alc.: 9%; serveertemp.: 8-11 °C

🇧🇪 Bavik Petrus Oud Bruin

In het aroma van dit roodbruine bier zit een moutachtige fruitigheid in de karakteristieke complexiteit van een Vlaamse bruine ale. Het bier is middelzoet van smaak. De afdronk droogt langzaam en laat een zoetzure toets achter en een 'paardenzweterig' brettanomyceskarakter.
Land: België
Alc.: 5,5%; serveertemp.: 9-13 °C

🇧🇪 Riva Vondel

In dit roodbruine bier is een prominent fruitaroma (vijg) aanwezig naast wat bedompte zuurheid. In smaak gaat het bier in de richting van warmte en zoetheid, wat – hoewel niet karakteristiek voor deze stijl – erg aangenaam is.
Land: België
Alc.: 8,5%; serveertemp.: 11-14 °C

wild & fruitig

🇺🇸 New Glarus Wisconsin Belgian Red

Geen Vlaamse rode (zoals Rodenbach), noch een lambiek kriek, maar een bijzonder en origineel bier. De zachtroze kleur geeft een aanwijzig voor het pond kersen dat voor elk flesje wordt geteeld. Aroma's van kersen en marsepein, een zoete en licht olieachtige smaak en een goed uitgebalanceerde wrangheid in de afdronk. Heerlijk.

Serveren bij: chocoladedesserts, kwarktaart, patés en varkenspastei
Land: Verenigde Staten
Alc.: 5,1%; serveertemp.: 9-12 °C

🇧🇪 Liefmans Kriek

Liefmans' kroonjuweel. Op het etiket staat 'traditioneel met kersen gebrouwen'. Deze kriek (kersenbier) heeft een volle smaak met een prettige wrange fruitigheid en een heerlijke zoet-pittige complexiteit in de afdronk. Serveer er een chocoladedessert bij voor een verbijsterend lekkere combinatie.
Land: België
Alc.: 6%; serveertemp.: 9-12 °C

🇧🇪 Liefmans Frambozen

Na een kort oponthoud in de productie en een wisseling van eigenaar zijn Liefman's bieren weer in productie. Dit frambozenbier is leuk maar ook lekker. Fruitige frambozensmaken over een ondertoon van een lichtelijk aardse wrangheid met een zoetzure afdronk.
Land: België
Alc.: 4,5%; serveertemp.: 9-12 °C

🇺🇸 New Glarus Raspberry Tart

Dit bier is ongetwijfeld hooggeprezen door kenners, want het is moeilijk te vinden. Maar het is in zijn eigen klasse een uitstekend bier. Ondoorzichtig paarsroze bier met een duidelijk frambozenbouquet. De smaak is zoetig mals met voldoende wrangheid om het aangenaam te houden.
Land: Verenigde Staten
Alc.: 4%; serveertemp.: 9-12 °C

🇧🇪 Lindemans Pecheresse

Een van Lindemans' commerciëlere bieren met een opvallend fraai etiket in art-decostijl. Laag alcoholisch. Dit ongecompliceerde, naar perzik smakende bier wordt door biersnobs genegeerd. Als u het neemt voor wat het is, een licht, verfrissend en fruitig bier, is het perfect genietbaar.
Land: België
Alc.: 2,5%; serveertemp.: 7-10 °C

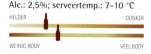

156 wild & fruitig

De oude brouwkamer (niet meer in gebruik) van brouwerij Lindemans, België.

lambiek & zure rode bieren

Als u de bieren op de voorgaande bladzijden al vreemd vond, dan staat u hier nog wat te wachten. Wilde gist en houtlagering komen naar voren in de droge, wrange, ambachtelijke Belgische lambiekbieren en hun onwaarschijnlijke evenknieën (en ik zou zeggen hun gelijken) uit de Verenigde Staten. Van de wrange rode bieren van Rodenbach tot de spookachtig authentieke lambieks van Russian River en de commerciëlere, gezoete bieren van Timmermans: deze bieren dwingen respect af. Begrijpen waarom ze zijn zoals ze zijn is de sleutel tot het genieten ervan.

Het brouwen van Cantillon Gueuze in Brussel.

🇺🇸 Russian River Supplication (Batch 003)

De neus van dit vaal rozebruine bier heeft naast citroen, kers en een hint van eik een duidelijke brettanomycestoets. Door het bier te lageren in oude pinot-noirvaten ontstaat een fruitige soepelheid die een prachtig tegenwicht biedt aan de wilde gist en bacteriële invloeden. Evenwichtig, elegant en van wereldklasse.

Serveren bij: prima als aperitiefdrank, of met gegrilde geitenkaas met pittige chutney
Land: Verenigde Staten
Alc.: 7%; serveertemp.: 9-13 °C

🇧🇪 Hanssens Oude Kriek

Meer een menger dan een brouwer. Hanssens koopt bier van andere lambiekbrouwerijen en mengt zijn eigen gueuze- en fruitbieren en laat ze rijpen. Dit voorbeeld heeft een heerlijke wrangheid, en hoewel de zure kersen wat van de excentriciteit wegnemen, hebben ze een heel eigen vitaliteit..
Land: België
Alc.: 6%; serveertemp.: 9-13 °C

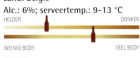

🇧🇪 Rodenbach Rodenbach

Rodenbach is een mengsel van jonge en gerijpte bieren. Het effect van eik en natuurlijke micro-organismen is minder duidelijk dan in de Grand Cru, maar toch is dit een aangenaam, complex, lichtzuur bier. Heerlijk met in bacon gewikkelde geroosterde jakobsschelpen.
Land: België
Alc.: 5,2%; serveertemp.: 9-13 °C

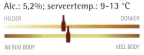

🇧🇪 Strubbe Crombe Oud Kriekenbier

Dit bier is een natuurproduct en varieert daarom van partij tot partij. Het exemplaar dat ik te pakken kreeg, had een vol, pittig azijnzuuraroma (zilveruitjes); een geweldige, houtige, zure smaak en lichte kersachtige fruitigheid die terugkeert in de afdronk. Goed, als u deze stijl waardeert.
Land: België
Alc.: 5,7%; serveertemp.: 9-13 °C

🇧🇪 Rodenbach Grand Cru

Rodenbach Grand Cru is taankleurig en heeft een wild muffig aroma met een hint van ijzer. De smaak is licht zoet met een aangenaam scherpe afdronk. Het is een uitstekend voorbeeld van de rode zure bieren uit West-Vlaanderen, een stukje levende geschiedenis in een absolute klassieker.
Land: België
Alc.: 6%; serveertemp.: 9-13 °C

wild & fruitig

🇧🇪 Girardin Gueuze Black Label 1882

Gueuzebier laat me soms onverschillig, maar dit bier absoluut niet. Een verrukkelijk aroma van citroen, droge sherry en vers gesneden bosbloemen. Een buitengewoon complexe smaak van butterscotch, citroen, oude sigarenkistjes en brettanomyces-'paardenzweet'. Het is bier, maar dan anders.

Serveren bij: mosselen, sterke kazen, paté of varkenspastei met kappertjes en ingelegde groente
Land: België
Alc.: 5%; serveertemp.: 13 °C

🇧🇪 Cantillon Gueuze

Sommigen beschouwen dit gueuzebier als boegbeeld voor deze stijl, anderen gruwen van de zuurheid en het gebrek aan gewone biersmaak. De muffe neus met sterke citroenaccenten bereidt niet volledig voor op de schokkende wrangheid van de smaak en de droge afdronk. Het uiterste onder de traditionele lambieks. Proberen!
Land: België
Alc.: 5%; serveertemp.: 13 °C

🇺🇸 Russian River Beatification

Wordt niet als gueuzebier aangeprezen, maar is dat wel. Dit onschuldig uitziende goudkleurige bier geeft intense aroma's af van citrus, brettanomyces en stoffige schuren. De pikante wrange smaak heeft meer citrusvlies en meer vers gekapt hout. De afdronk is droog en aangenaam pittig.
Land: Verenigde Staten
Alc.: 6%; serveertemp.: 8-12 °C

🇧🇪 Oude Beersel Oude Gueuze Vieille

De sleutel tot goed bier is evenwicht. Deze gueuze heeft alle kenmerkende schimmelige aroma's van een lang niet meer gebruikte ciderpers naast citroen, groene appel, hooischuur en stoffige oude zadeltassen. Maar er zijn ook zachtheid, souplesse en evenwicht. Een heerlijk doordrinkbaar bier in deze stijl.
Land: België
Alc.: 6%; serveertemp.: 10-13 °C

🇧🇪 Boon Geuze

Het pittige, azijnachtige brettanomyceskarakter van dit bier verdrijft al uw zorgen. Al na een paar slokken bent u gewend aan de wrange citroenachtige, ciderachtige smaak. Zodra uw smaakvermogen volledig wakker is geschud, kunt u genieten van de doolhofachtige complexiteit van dit bier in oude stijl.
Land: België
Alc.: 6%; serveertemp.: 13 °C

160 wild & fruitig

Lambiekbier en gestoomde mosselen vormen een klassieke, authentiek Belgische combinatie.

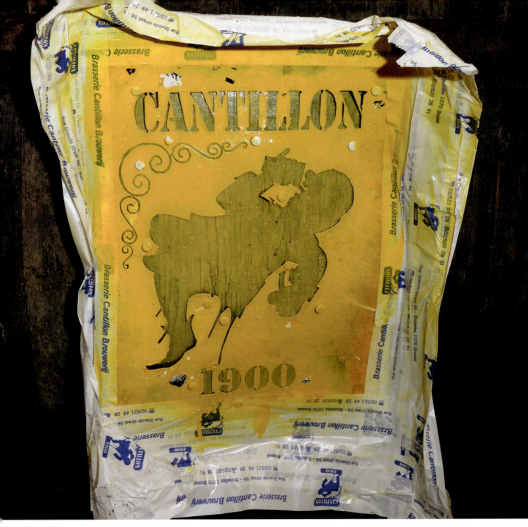

Een sjabloon om het logo en de naam van de Cantillonbrouwerij op de houten vaten aan te brengen.

🇧🇪 Lindemans Gueuze Cuvée René

Cuvée René is het bewijs voor de herkomst van Lindemans' lambiek. Het etiket vermeldt: 'Grand Cru Geuze Lambic Beer'. Dit lichtgekleurde schuimende bier heeft een prima pittige zuurheid en een lange, citroenachtige afdronk. Kan prima een tijdje worden bewaard. De brouwerij viert in 2011 haar tweehonderdjarig bestaan – twee welbestede eeuwen.

Serveren bij: gegrilde geitenkaas en een salade van rode uien met citroendressing
Land: België
Alc.: 5%; serveertemp.: 13 °C

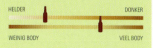

🇧🇪 Timmermans Gueuze Tradition

Een interessante vertolking van deze stijl; dit bier houdt het midden tussen de gezoete gueuze en traditionele, ongezoete voorbeelden. Het heeft een wrang aroma van groene appel en een lichte mufheid. De smaak is aanvankelijk zoet, maar de afdronk middelscherp en droog.
Land: België
Alc.: 5%; serveertemp.: 10-13 °C

🇧🇪 Girardin Faro 1882

Een gezoete versie van Girardins gueuze, maar beslist niet minder. Een heerlijk kruidig aroma (nootmuskaat, foelie, zwarte peper), rijpe appel en een hint ciderazijn. De levendige smaak is zoet noch wrang. Een zuivere afdronk met meer specerijen en overrijpe appel (op de goede manier).
Land: België
Alc.: 5%; serveertemp.: 7-10 °C

🇧🇪 Timmermans Faro

Dit kopergoudkleurige bier heeft een assertief aroma van geroosterd brood, rijpe appel en wat butterscotch. De middelzoete smaak heeft meer geroosterde nootachtige toetsen, maar ook een toets van wolkig appelsap. De afdronk is middelzoet, enigszins weeïg maar met een sprankje wrangheid.
Land: België
Alc.: 4%; serveertemp.: 4-7 °C

🇧🇪 Timmermans Blanche Lambicus

Dit is een ongewoon mistig lambiekbier met een neus van droge sherry en een wat gekruide smaak. Het is een ongewone opvatting van deze stijl en een duidelijk commercieel bier, maar daar is op zich niets mis mee.
Land: België
Alc.: 4,5%; serveertemp.: 10-13 °C

wild & fruitig

andere vruchtenbieren

Natuurlijk hoeven niet alle vruchtenbieren jarenlang te rijpen in een oud vuil vat, door allerlei gisten en bacteriën te worden verteerd om dan gemengd en gebotteld te worden bij de derde vollemaan van dat jaar. Sommige brouwers achten het voldoende om hun bieren met standaardgisten te vergisten en simpelweg wat fruit en kruiden aan de brouwketel toe te voegen. Agostino Arioli van Birrificio Italiano doet het nog weer anders. Hij maakt bedrieglijk eenvoudige en goddelijke vruchtenbieren via buitengewone (maar conventionele) technieken.

De beste vruchtenbieren worden gebrouwen met hele, complete vruchten, niet met extracten.

🇮🇹 Birrificio Italiano Cassissona

Zoals de naam al doet vermoeden is dit bier gebrouwen met wat cassissiroop, hoewel het zwartebessenkarakter in dit kopergouden bier door de aroma's van perzik, abrikoos en meloen wordt afgedekt. Dit bier is zacht schuimend, en in de afdronk komt een nieuwe golf fruit naar boven. Erg lekker.

Serveren bij:
panna cotta met vruchtencompote, kwarktaart, geroosterde vijgen
Land: Italië
Alc.: 6,5%; serveertemp.: 4-7 °C

🇮🇹 Birrificio Italiano Scires

Het is moeilijk om een kersenbier te drinken zonder aan het Belgische kriekbier te denken, maar dit bier geeft deze stijl iets nieuws. In de neus is er een lichte wilde toets naast een kersen-kandijaroma en een hint van marsepein. De smaak is droog, fruitig en wrang (zonder zuur te zijn), de afdronk kort en droog.
Land: Italië
Alc.: 7,5%; serveertemp.: 4-7 °C

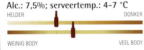

🏴󠁧󠁢󠁳󠁣󠁴󠁿 Williams Bros. Ebulum

Deze donkere rossige ale is zo complex dat hij moeilijk te omschrijven is. Het aroma heeft een krachtig geroosterd karakter met donker fruit daaronder. De vlierbessen voegen een rijk karakter van droge rode wijn toe aan de koffie- en chocoladetoetsen in de afdronk. Heerlijk!
Land: Schotland
Alc.: 6,5%; serveertemp.: 13 °C

🏴󠁧󠁢󠁳󠁣󠁴󠁿 Williams Bros. Grozet

Grozet (van het Gaelic *groseid*) is het Schotse woord voor kruisbes. De wrange pittigheid van de kruisbessen geeft een hint van citrus aan het aroma en een zuivere, dorstlessende afdronk. Gagel en moeraspirea versterken het aroma en verlenen het een kenmerkend droog accent.
Land: Schotland
Alc.: 5%; serveertemp.: 13 °C

🇺🇸 Magic Hat #9

Een bier waarin abrikozen zijn getrokken, zal nooit een groot succes worden, maar door deze #9 breed te distribueren is hij een van de bekendste bieren van Magic Hat geworden. Laag in het mengsel zit een lichte fruitigheid, merkbaar maar niet opdringerig, die wat extra body geeft aan de afdronk.
Land: Verenigde Staten
Alc.: 4,6%; serveertemp.: 7-10 °C

wild & fruitig

beroemde belgen

Er is wel eens bot gezegd dat het onmogelijk is om vijf beroemde Belgen te noemen. Dit heeft tot zo veel opschudding geleid dat er nu een website is, opgericht en onderhouden door een trotse Belg, waarop maar liefst 263 beroemde Belgen staan vermeld (op het moment dat ik dit schrijf; ik gok dat er dagelijks een paar bij komen). Het doel is uitsluitend om deze mythe te ontkrachten. Gaat het echter om bier, dan kun je heel wat beroemde Belgen opsommen. Naast de trappisten- en abdijbieren (die in een apart hoofdstuk worden behandeld) lijkt het wel of elke brouwerij niet slechts een bier in een bepaalde stijl produceert, maar ook haar eigen interpretatie van die stijl hanteert. En dat niet alleen: dit trotse bierminnende volk heeft zo'n omvangrijke hoeveelheid stijlen dat ik nauwelijks weet waar te stoppen.

U weet waarschijnlijk wel dat veel van de Belgische speciaalbieren nogal zwaar zijn. Volgens de Britse en Duitse brouwtradities bestaat bier vrijwel altijd uit slechts vier basisingrediënten. In België wordt wel rietsuiker aan de brouwketel toegevoegd als bron voor vergistbaar materiaal om zowel de smaak als het alcoholpercentage te verhogen. Vermoedelijk ligt de oorsprong van deze gewoonte in de handel met de voormalige Belgische koloniën, maar iemand kan natuurlijk ook gewoon het briljante idee hebben opgevat dat de toevoeging van een paar pond suiker een vollere smaak en een bepaalde charme zou opleveren, die niet uitsluitend via mout kon worden verkregen.

Als u bekend bent in België, weet u dat Belgisch bier (behalve dat het u sneller dronken maakt dan u verwacht) altijd in zijn eigen speciale, bij het merk en type behorende glas wordt geschonken. Van versierde kelken tot diepe ronde bokalen en onwaarschijnlijke bolronde maaksels die een houten standaard nodig hebben om ze neer te kunnen zetten: er is een eindeloze variatie in bierglazen, elk speciaal ontworpen om een bepaald bier optimaal tot zijn recht te laten komen. Hoewel ik overal ter wereld bier heb gedronken uit allerlei onwaarschijnlijk glaswerk, vind ik het nog steeds indrukwekkend dat zelfs een klein Belgisch café in staat is om minstens enkele tientallen verschillende bieren in hun eigen correcte glazen te serveren. Of dat nu wel of geen groot verschil maakt voor de smaak is een kwestie van opinie; als een brouwerij de moeite heeft genomen om een geschikt glas te ontwerpen en te produceren zie ik niet in waarom ik dat glas niet zou gebruiken. Het aanbod ligt er – geniet ervan!

De eerstvolgende keer dat iemand u vraagt om vijf beroemde Belgen te noemen, kunt u beginnen met een van de volgende…

seizoensbieren

De eerste vier bieren vormen een losjes samenhangende groep. De seizoensbieren (*saison*) hebben individueel een aantrekkelijke complexe stijl; ze hebben een wrange, robuuste, zelfs rauwe dimensie in hun hoppige karakter. Een Engelse brouwerij die excentriek genoeg is om een gooi te doen naar deze klassieke stijl hoeft de waanzin slechts een tikje te verhogen – een paar kaboutertjes toevoegen misschien? La Chouffe is eigenlijk geen seizoensbier, maar hoort, zoals veel Belgische bieren, niet tot een bepaalde groep en is daarom hier beland. Caracole Nostradamus beweert een donker seizoensbier te zijn.

Seizoensbieren werden van oudsher in de herfst gebrouwen en in de kelders van de boerderij bewaard tot de volgende oogst.

🇧🇪 Achouffe La Chouffe

Wat hebben Belgen toch met kabouters? Urthel, Smurf en Achouffe – ze hebben ze allemaal. Laat u daardoor niet weerhouden, want dit mistig goudkleurige bier is een klassieker. Hij zit barstensvol fruit (banaan, sinaasappel) en specerijen (kruidnagel, nootmuskaat), en heeft een zachte, toffeeachtige moutafdronk.

Serveren bij: gestoofde varkensschouder, linzen of bonen met geroosterde worstjes, cassoulet – de klassieke boerenkeuken
Land: België
Alc.: 8%; serveertemp.: 7-10 °C

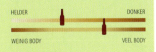

🇧🇪 Brasserie Dupont Avec Les Bons Voeux

Dit oranjekleurige bier was ooit bedoeld als kerstgeschenk voor vrienden van de brouwerij, wat je kunt afleiden uit de naam. Het heeft een pittige neus (zwarte peper) en middelzoete sinaasappel- en abrikozensmaken in de ontwikkeling. In de expressieve afdronk komt de hop naar voren. Erg goed.
Land: België
Alc.: 9,5%; serveertemp.: 9-12 °C

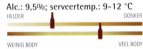

➕ Dark Star Saison

Een wolkig ambergouden bier met een zacht aroma van specerijen; qua smaak tussen een Duits en een Belgisch tarwebier. Het fluweelzachte mondgevoel draagt wat kruidigheid en fruitige citrustoetsen. Hoewel het voor een seizoensbier weinig bitter is, heeft dit bier een correcte wrangheid in de afdronk.
Land: Engeland
Alc.: 4,5%; serveertemp.: 9-12 °C

🇧🇪 Brasserie Dupont Saison Dupont

De fles met kurk past veel beter bij dit bier dan de gebruikelijke kroonkurkfles. Dit klassieke seizoensbier heeft een levendige koperkleur die in rust mistig oranje wordt. Door de kruidige hop en de complexe droge afdronk past dit bier bij veel soorten voedsel: kwaliteitsworstjes vind ik er het lekkerst bij.
Land: België
Alc.: 6,5%; serveertemp.: 9-12 °C

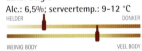

🇧🇪 Caracole Nostradamus

Nostradamus is een rijke, donkere ale met een aroma vol gedroogd fruit en karamel. In de mond ontwikkelt zich een krachtige toets van vruchtentaart met een aangenaam bittertje dat aan gestoofde vijgen doet denken. De complexe kruidigheid blijft tot in de afdronk van gedroogd fruit.
Land: België
Alc.: 9%; serveertemp.: 9-12 °C

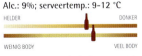

beroemde belgen

belgische ales

Palm en De Koninck zijn twee gewone Belgische ales, die het verdienen om genoemd te worden, al was het alleen maar omdat ze in elk geval een herkenbare stijl hebben in een land dat er eer in schijnt te stellen elk bier een eigen stijl te geven. De Ranke XX en Poperings Hommel zijn heerlijk hoppige ales, bijna goed genoeg om toegelaten te worden tot de IPA-klasse. De Grimbergen zou binnen de abdijbieren kunnen vallen, maar omdat dit bier niet binnen een duidelijke definitie valt, rangschik ik het hier als een sterke Belgische ale.

Dit Belgische bierhuis draagt de namen van de merken die binnen worden geserveerd.

🇧🇪 Palm Speciale

Het weldadige moutige aroma van dit kopergouden bier doet denken aan de geur van het maischen in een brouwerij. Het moutkarakter zorgt voor een stevig mondvullend karakter. Middelzoet maar droger naar de afdronk toe. Ongecompliceerd maar erg lekker.

Serveren bij: kaaskoekjes, noten, chips of met knoflook ingewreven geroosterd brood
Land: : België
Alc.: 5,4%; serveertemp.: 12 °C

🇧🇪 De Koninck De Koninck

Dit is een bescheiden huiselijk bier. Glashelder en gebrand koperkleurig met een aroma van karamel en een licht melig (haver?), bijna aards karakter. De smaak is gerond en mondvullend, en hoewel dit bier ongecompliceerd is, heeft het een aangenaam, voldoening schenkend karakter.
Land: België
Alc.: 5%; serveertemp.: 7-13 °C

🇧🇪 Van Eecke Poperings Hommel

Hommel betekent in het plaatselijke dialect 'hop', en dit mistige kopergouden bier past dan ook binnen de IPA-stijl. Het fruitige kauwgomaroma maakt plaats voor sinaasappelhoppigheid. Dit bier heeft een bitterzoete afdronk. Heerlijk.
Land: België
Alc.: 7,5%; serveertemp.: 10 °C

🇧🇪 De Ranke XX Bitter

Ik zou dit bier omschrijven als een goed gehopt blond bier; behalve dan dat blonde bieren nooit goed gehopt zijn en dat dit bier onvoldoende zoetheid van mout heeft. Ziet u nu hoe moeilijk het is om Belgische bieren te omschrijven? Heerlijk hoppig, middeldroog, met een overal merkbare grapefruittoon.
Land: België
Alc.: 6,2%; serveertemp.: 8-12 °C

🇧🇪 Grimbergen Cuvée De L'Ermitage

Grimbergens modieuze cuvée hangt qua stijl tussen een dubbel en een quadrupel, hoewel het wat intensiteit mist. Een neus van zacht fruit leidt naar een middelsterke smaak met hints van toffee, noten en bittere sinaasappel. De afdronk is droog met wat rokerigheid, toffee en bitterheid.
Land: België
Alc.: 7,5%; serveertemp.: 11-13 °C

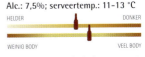

zware belgische ale

Het is vreemd om dit als een groep te beschouwen. Het zijn prima vertegenwoordigers van het soort bier dat de Belgen brouwen – niet alleen komen deze bieren in de rest van de wereld niet voor, ze worden buiten België ook nog eens met een mengeling van respect, angst en wantrouwen bekeken. Kwak verwierf internationale bekendheid door zijn bijzondere glas – een slank exemplaar dat doet denken aan een trompethoorn; het heeft een bolle onderkant en daardoor zit er een houten standaardje bij. Alleen in België...

Flessendoppen van 's werelds meest exclusieve bieren zijn gewilde verzamelaarsobjecten.

🇧🇪 Het Anker Gouden Carolus Classic

Bij brouwerij Anker weten ze hoe het moet. Deze rossig-bruine ale heeft een erg ingehouden aroma van karamel, peper en toffee, maar in de mond: BOEM! Een explosie in een fruit-drogerij schiet wolken pruimen, vijgen en rozijnen over het gehemelte, gevolgd door wat drop in de afdronk.

Serveren bij: hartige stoofschotels, geroosterd vlees met groente
Land: België
Alc.: 8,5%; serveertemp.: 10-13 °C

🇧🇪 Bosteels Kwak

Dit zware koperkleurige bier is minstens zo beroemd om zijn speciale glas als om zijn zachte, kruidige aroma (gemberbrood?) en soepele suikerkern, die de alcohol goed verbergt. In de afdronk is slechts een beetje extra warmte, waardoor velen overrompeld worden door dit sterke bier.
Land: België
Alc.: 8,4%; serveertemp.: 10-13 °C

🇧🇪 Van Honsebrouck Kasteel Bruin

Krachtige levendige aroma's van butterscotch en banaan stijgen op uit dit tanige monster – een stilte voor de storm. Een explosie van zoete mout verloopt naar een zoet warmende afdronk van fruit en marsepein. Een bier om rekening mee te houden.
Land: België
Alc.: 11%; serveertemp.: 10-13 °C

🇧🇪 Hoegaarden Verboden Vrucht

Een diepe donkere rossige ale met een zoetig aroma van donker fruit (verse en gedroogde pruimen) en een lange drogende afdronk. Op het etiket staan Adam en Eva voor de zondeval, ieder genietend van een glas bier. Misschien waren ze onder invloed toen ze over de appel moesten beslissen...
Land: België
Alc.: 8,5%; serveertemp.: 10-13 °C

🇧🇪 Dubuisson Bush

In de neus van dit kleine monster is een aanduiding van dreigende krachten – sherry en misschien ook een hint van cognac. Toffee-achtige mout overspoelt het gehemelte en daarna ontwikkelt zich een nootachtige bitterheid. Erg doordrinkbaar. Ik snap niet hoe de Belgen nog aan iets anders toe komen.
Land: België
Alc.: 12%; serveertemp.: 10-13 °C

beroemde belgen

zware goudkleurige ales

Verwar deze groep niet met de Britse vaalgouden ales; de meeste van deze bieren zijn tweemaal zo sterk. Deze laatste groep bijzondere brouwsels wordt aangevoerd door een onbetwiste wereldklassieker. Duvel is beroemd vanwege zijn makkelijke doordrinkbaarheid, er zijn al heel wat buitenlanders in België geveld doordat ze in hun onwetendheid te snel en te veel van dit bier dronken. Ondanks het bedrieglijk lichtgekleurde lagerbierachtige uiterlijk is dit een erg sterke ale, die gewoonlijk zo koud wordt geserveerd dat het alcoholpercentage niet meer opvalt. *Caveat imbiber* (drinker, wees gewaarschuwd)!

Café Vlissinghe, Brugge. Dit café uit 1515 is het oudste in België.

🇧🇪 Moortgat Duvel

Als u nog nooit Duvel heeft gedronken, moet u daar meteen iets aan doen. Ik meen het, leg dit boek weg en ga een Duvel kopen. Alleen al de pittige Saazhop en het aroma van schnapps doen u het water in de mond lopen. Het bitterzoete tussenspel van lichtgekleurde mout en bitterhop is een verrukking, waardoor dit bier gevaarlijk doordrinkbaar wordt. Een echte klassieker.

Serveren bij: geroosterde of gebarbecuede vis met citroen en salsa verde
Land: België
Alc.: 8,5%; serveertemp.: 9-12 °C

🇧🇪 Van Honsebrouck Kasteel Triple

Het aroma van dit lichtgekleurde bier doet denken aan droge sherry of misschien een hint van gueuze. De smaak is hartig, bijna zoutig, met een kruidige pittigheid van de hop. De afdronk heeft een licht medicinaal tintje en de alcohol is verrassend goed verborgen.
Land: België
Alc.: 11%; serveertemp.: 9-12 °C

🇧🇪 Caracole Saxo

Saxo is een levendig bier, vaal koperkleurig en heeft een blijvende pareling. Een vleug pittige, bijna peperachtige hop stijgt op uit het glas. Wat zoetheid van lichtgekleurde mout is duidelijk te proeven, maar de smaak wordt tot in de afdronk op elegante maar hardnekkige wijze gedomineerd door de hop.
Land: België
Alc.: 8%; serveertemp.: 9-12 °C

🇧🇪 Huyghe Delirium Tremens

Op het etiket staan roze olifanten en dansende krokodillen, en de naam herinnert aan de gevaarlijke gevolgen van overmatig drinken; het is moeilijk om dit bier serieus te nemen. Doe het toch en ontdek het karakter van rijpe banaan en peer en hoe het vervloeit naar een bittere afdronk. Een serieus gebrouwen bier!
Land: België
Alc.: 8,5%; serveertemp.: 9-12 °C

🇺🇸 Brooklyn Local 1

Brouwmeester Garrett Oliver bewijst dat hij ook Belgisch bier kan brouwen. Dit bier in de stijl van de sterke lichtgouden ales heeft veel body en is ietwat zoet met toetsen van fruit (peer, banaan) en een onmiskenbaar kruidig accent. De afdronk is lang, en wordt droog en vaag kruidig, met een lang nablijvende fruitigheid.
Land: Verenigde Staten
Alc.: 9%; serveertemp.: 9-12 °C

beroemde belgen

🇧🇪 Urthel Hop-It

Dit bier lijkt qua intensiteit meer op een tripel. Een kruidig, medicinaal smaakje en een vaag aroma van kauwgum en honingachtig esters. In de smaak een zuivere fruitigheid van lichtgekleurde mout met een overal aanwezig laagje bitterhop. Een lange bitterzoete afdronk met meer honingachtige toetsen in de nasmaak.

Serveren bij: kip of varkensvlees met Thaise kruiden, Jamaicaanse *jerk* van kip of vis
Land: België
Alc.: 9,5%; serveertemp.: 4-8 °C

🇧🇪 Hoegaarden Grand Cru

Dit bier is volledig uit mout gebrouwen en bevat geen tarwe, waardoor het niet als een premiumversie van Hoegaarden Wit kan worden beschouwd. Toch heeft het dezelfde zachte kruidigheid. Een lichtgekleurd, ietwat mistig bier. In de lange afdronk zijn bittere sinaasappel en koriander herkenbaar.
Land: België
Alc.: 8,5%; serveertemp.: 8-12 °C

🇧🇪 Palm Royale

Dit bier hangt qua stijl en sterkte tussen een tripel en een blond in. Een uitdagend bier in dit genre; moeilijk te classificeren, lekker om te drinken. Malse lichtgekleurde mout en een kruidig hopkarakter in het aroma, zoetig van smaak, met een peperige bitterzoete afdronk.
Land: België
Alc.: 7,5%; serveertemp.: 8-12 °C

🇧🇪 De Dolle Brouwers Arabier

Het gebottelde bier van De Dolle Brouwers kan erg spuiten; dit exemplaar doorweekte een kleed toen het met een knal opensprong. Het restje mistig goudkleurig bier had een aroma van fruit en specerijen (rijpe netmeloen, citroen en zwarte peper) en een wrangbittere afdronk.
Land: België
Alc.: 7%; serveertemp.: 10-13 °C

🇧🇪 Palm Brugge Triple

Dit mistige perzikkleurige gouden bier heeft een aangenaam aroma van abrikozen en specerijen en een hint van alcohol. In de smaak is een uitbarsting van schuimend koolzuur, en een vluchtige zoetheid wordt snel droog. In de verwarmende, bitterzoete afdronk keert de fruitigheid van de abrikoos terug.
Land: België
Alc.: 8,7%; serveertemp.: 8-12 °C

De Bruggebieren van Palm werden voor het eerst gebrouwen in De Gouden Boon, in het hart van Brugge.

IPA

India Pale Ale (IPA) is een bier met een lange geschiedenis. Het verhaal wil dat IPA in Engeland werd gebrouwen voor de export naar de koloniën in India. Het was (volgens het verhaal) een zwaar en hoppig bier, zodat het de lange zeereis zou overleven. Het bier dat in India aankwam, was in perfecte staat en werd hooggewaardeerd door de liefhebbers daar. Zoals in elk verhaal zit er wel wat waarheid in, maar ook een beetje mythe. Inderdaad verbeterden de bieren op de lange reis naar India, maar om nu te zeggen dat ze opzettelijk zo zwaar en hoppig werden gebrouwen om de reis te doorstaan voert wat ver. Evenzo zijn veronderstellingen dat IPA altijd een krachtige bierstijl is geweest niet volkomen juist, noch helemaal onjuist. Wat wel vaststaat (dankzij online- en andere publicaties van deskundigen op het gebied van de geschiedenis van bier, zoals Martyn Cornell en Ron Pattinson), is dat IPA's sterker gehopt waren zonder de opzet zwaar te zijn.

Een goed verhaal is vaak leuker dan de feiten. IPA is hoe dan ook een aanduiding geworden voor een betrekkelijk zwaar bier met een goed, helder hopkarakter. Mout speelt een ondersteunende rol en levert body en zoetheid, waartegen de hop soms op een duizelingwekkende manier afsteekt. Hoewel IPA oorspronkelijk Engels is, is dit de stijl die door de Amerikaanse ambachtelijke brouwerijen is opgepakt en eigen gemaakt. Enkele van de grootste, helderste, opmerkelijkste IPA's worden tegenwoordig in de Verenigde Staten gebrouwen. Deze bieren schuwen de ingehouden balans van de klassieke ales en vertonen een overdonderend hopkarakter. Om er meer hop in te kunnen verwerken, moet er ook meer mout in om het evenwicht te handhaven. Met als resultaat dat het alcoholpercentage omhoogschiet. Dit is het Las Vegas van de bierwereld: groter, helderder, recht voor zijn raap – waarschijnlijk wordt u 's morgens wakker en vraagt zich af wat er de avond ervoor in 's hemelsnaam is gebeurd.

Maar zoals we zagen, kan een goed bier overal worden gebrouwen. IPA is al lang geen Engelse regionale specialiteit meer, het is eerder een manier voor brouwers geworden om los te kunnen gaan met de hop. IPA wordt overal gebrouwen en het idee van de authentieke IPA is helemaal verloren gegaan. Begrijp me niet verkeerd, ik ben geen stijlslaaf – dit is een van mijn favoriete bierstijlen. Maar IPA is nu een internationale bierstijl en als zodanig moeten de bieren in dit hoofdstuk ook worden beschouwd – bij dezen doop ik IPA om tot International Pale Ale.

amerikaanse pale ale

Ik heb het gevoel dat het onderscheid tussen Amerikaanse Pale Ale (APA) en andere IPA's in een aantal opzichten enigszins arbitrair is. En toch, als ik naar deze categorie kijk, kom ik tot de conclusie dat APA wel degelijk een echte categorie is. Deze bieren liggen qua smaakomschrijving dicht bij elkaar en hebben allemaal een onderliggend gevoel van terughoudendheid, waardoor vergelijkbare bieren wat overdreven aandoen. Niemand kan Sierra Nevada van overdrijving beschuldigen; ze hebben deze stijl min of meer zelf gecreëerd, de standaard gesteld en wereldwijd bekendgemaakt.

Hop in de Kootenai River Valley van Boundary County, Idaho, VS.

🇺🇸 Sierra Nevada Pale Ale

Met dit bier heeft Sierra Nevada de heilige graal gevonden, een ambachtelijk bier met een krachtige uitstraling. Koperoranjekleurig met een pittig aroma van grapefruit en sinaasappel. De smaak begint toffeeachtig en lichtzoet, maar in de afdronk voegt de bittere hop een laagje kruidige droogte toe. Een moderne klassieker.

Serveren bij: geroosterd of gebarbecued vlees ingewreven met een chilimarinade, of nacho's met salsa
Land: Verenigde Staten
Alc.: 5,6%; serveertemp.: 8-12 °C

🇺🇸 Flying Dog Doggie Style Classic Pale Ale

Amberkleurig en droog gehopt met, zoals ze zelf zeggen, 'bergen cascadehop', die de intensiteit van de aroma's en smaken van grapefruit, kumquat en dennennaalden keurig aanvult. Een aangename nootachtige mouttoets schijnt door in de afdronk. Erg doordrinkbaar.
Land: Verenigde Staten
Alc.: 4,6%; serveertemp.: 8-12 °C

🇺🇸 Firestone Walker Pale 31

Dit vaal kopergouden bier heeft een aangename balans in de neus; een mengsel van toffeeachtige mout en licht pittige hop. Deze smaken komen naar voren in de lichte body, waarin een beetje sinaasappelachtige zoetheid voorafgaat aan een droge, pittige hopafdronk.
Land: Verenigde Staten
Alc.: 4,8%; serveertemp.: 8-12 °C

🇺🇸 Deschutes Mirror Pond Pale Ale

Koperkleurig met een pittig aroma van citrus en dennenhars. In de smaak wat grapefruit, een beetje kafachtige mout en een luchtig karakter dat wat moeilijk te omschrijven valt – water- of netmeloen misschien. De afdronk is tamelijk droog. Een lekkere frisse variatie binnen de stijl.
Land: Verenigde Staten
Alc.: 5%; serveertemp.: 8-12 °C

🇺🇸 Shmaltz He'brew Genesis Ale

Koperbruin bier met een goed uitgebalanceerd aroma van middelmatig geroosterde mout. Een goede hopbalans met wat stevigheid in de mond en een bijna sober karakter. Aantrekkelijk onopvallend met een lekker karakter van geroosterde mout. Erg doordrinkbaar.
Land: Verenigde Staten
Alc.: 5,6%; serveertemp.: 8-12 °C

IPA

IPA is een oude bierstijl met een hele geschiedenis die echter op een of andere manier het moderne brouwen heeft bepaald. Het lijkt wel of alle brouwers een helder, hoppig bier in hun assortiment hebben, en bij velen is dit zelfs hun vlaggenschip. Wat deden zij in godsnaam voordat ze IPA brouwden? Minder interessant bier, zoveel is zeker. Overal ter wereld kunnen bierliefhebbers hun voordeel doen met de gevolgen van de hoprevolutie; een grotere keus in karaktervol, opwindend bier is er nooit geweest. Hier volgen er enkele ter overweging.

Een zak gedroogde hop klaar voor transport naar de brouwerij.
Hoppige smaken zijn het boegbeeld van een goede IPA.

🇳🇴 Haandbryggeriet IPA

Ik houd van de Anglo-Amerikaanse pale-alestijl, en deze voorbeeldige ale uit Noorwegen is wat mij betreft in alle opzichten geslaagd. Een krachtig sinaasappelvliesaroma, een smaak van bitterzoete sinaasappelmarmelade. En een lange droge, sinaasappelvliesafdronk. Moeilijk te vinden, maar beslist de moeite waard.

Serveren bij: scherp, met specerijen ingewreven geroosterd vlees met gekaramelliseerde uien
Land: Noorwegen
Alc.: 6,5%; serveertemp.: 9-12 °C

🏴󠁧󠁢󠁥󠁮󠁧󠁿 Thornbridge Jaipur

Zelfs in een idioot klein lettertje beslaat de lijst van prijzen die dit bier heeft gewonnen, enkele bladzijden. Deze goudkleurige IPA heeft krachtige aroma's van tropisch fruit (ananas, mango) die blijven tot in de zoetige smaak. De afdronk begint zoet maar ontwikkelt snel een kruidige bitterheid.
Land: Engeland
Alc.: 5,9%; serveertemp.: 10-13 °C

🏴󠁧󠁢󠁥󠁮󠁧󠁿 Outlaw Dead or Alive IPA

Outlaw is de experimentele tak van de beroemde brouwerij Roosters en toont de verfijnde sterkte van Amerikaanse hop. Een lichtgekleurd bier met fruitaroma's: mandarijn, kumquat, perzik en grapefruit. Dezelfde elementen vinden we terug in de smaak en in de afdronk. Buitengewoon lekker.
Land: Engeland
Alc.: 5%; serveertemp.: 10-13 °C

🏴󠁧󠁢󠁥󠁮󠁧󠁿 St Austell Proper Job

Het Amerikaanse Brits-geïnspireerde brouwen is teruggespoeld over de Atlantische Oceaan. Proper Job is een uitstekende interpretatie van de Amerikaanse IPA-stijl. Citrus (citroen, grapefruit) en hopzakaroma's vullen het glas en geven een golf van citroensorbet. Heerlijk bittere afdronk.
Land: Engeland
Alc.: 5,5%; serveertemp.: 10-13 °C

🇺🇸 Speakeasy Untouchable Pale Ale

Dit mistig oranje bier heeft een zacht karamel- en fruitaroma (sinaasappel, grapefruit en abrikoos). Een zachte moutachtige (hints van rijpe appel en toffee) smaak en een middeldroge afdronk. De fruitigheid van sinaasappelschil blijft, maar overheerst niet.
Land: Verenigde Staten
Alc.: 6,5%; serveertemp.: 9-12 °C

🇦🇺 Little Creatures Pale Ale

Little Creatures heeft niet alles ingezet op een harsachtige hop-explosie, maar kiest een evenwichtiger benadering. De neus heeft een bijna tropische toets (mango en ananas) en de smaak een nootachtig moutkarakter dat voor een gerond bier zorgt dat vaag herinnert aan goede Engelse ale.

Serveren bij: lichtgekruide kip met bataat en mangosalsa
Land: Australië
Alc.: 5,2%; serveertemp.: 8-12 °C

🇿🇦 Shongweni Robson's Durban Pale Ale

Het aroma van dit kopergoudkleurige bier heeft toetsen van ananas, mango en bittere sinaasappel, en daarbij wat toffee. Dit zware bier heeft een middelzoete smaak met karamel, rijp fruit en bittere sinaasappel. De afdronk is lang, heeft veel body en is lichtelijk nootachtig.
Land: Zuid-Afrika
Alc.: 5,7%; serveertemp.: 7-10 °C

🇳🇿 Asia Pacific Tui East India Pale Ale

Vanwege de geringe aanwezigheid van hop is het misschien vreemd om dit perzikachtig bruine bier een East India Pale ale te noemen. Dit bier heeft echter een behoorlijk complexe smaak – toffee en piment, koffietoetsen in de ontwikkeling en een herfstachtig karakter van overrijpe appel en peer.
Land: Nieuw-Zeeland
Alc.: 4%; serveertemp.: 7-10 °C

🇲🇽 Cerveceria Mexicana Red Pig Mexican Ale

Deze koperkleurige ale heeft een heerlijk aroma van karamel en geroosterd graan. De smaak is middelzoet, maar een aantrekkelijk hopkarakter houdt het geheel levendig. De afdronk heeft een meer karamel- en citruskarakter en is zelfs harsachtig.
Land: Mexico
Alc.: 5%; serveertemp.: 7-10 °C

🇺🇸 Deschutes Twilight Ale

Dit is het zomerbier van Deschutes, gemaakt met een buitengewone elegantie. De toetsen van lichtgekleurde mout en tropisch fruit herinneren aan de moderne Engelse pale golden ales. Een lichte body en fruitig, maar verfrissend en opwekkend met passievruchten en guave.
Land: Verenigde Staten
Alc.: 5%; serveertemp.: 7-10 °C

Het Rode Fort, het voormalige hoofdkwartier van het Britse leger in Delhi, waar ongetwijfeld een groot deel van de IPA door de Britse kolonisten in India werd geconsumeerd.

Nørrebro Bryghus, een in Kopenhagen gevestigde ambachtelijke brouwerij, voorziet de stad van fijne bieren.

🇺🇸 Goose Island IPA

Dit is een van de eerste Amerikaanse IPA's die ik dronk en ik vind het nog steeds een prima voorbeeld van deze stijl. Mistig oranje van kleur met een massief aroma van dennennaalden, marmelade en stoffige hopzak. De smaak heeft karamel, gebrande suiker, een vleugje butterscotch en een lange, harsachtige afdronk.

Serveren bij: gesmoorde kleverige spareribs, sterke cheddar, of bij de barbecue
Land: Verenigde Staten
Alc.: 5,9%; serveertemp.: 9-11 °C

🇧🇪 Van Honsebrouck Brigand IPA

Op het etiket van hun sterkste Brigand staat al een echt Engelse boogschutter afgebeeld. Daarnaast produceert deze brouwerij een goede (en ongewoon authentieke) IPA in Britse stijl. Harsachtige peperige hop met een sinaasappeltoets domineert het aroma. De smaak is zoet met een pittig bittere afdronk.
Land: België
Alc.: 6,5%; serveertemp.: 9-11 °C

➕ Burton Bridge Brewery Empire Pale Ale

Bij blindproeven zou deze IPA verward kunnen worden met een Belgische sterke ale – dit bier heeft een verrassend esterachtige complexiteit in de neus. De smaak die aanvankelijk zoet is, droogt in een reeks fruitige smaken (mango, abrikoos, appel) en vervloeit in een middeldroge afdronk.
Land: Engeland
Alc.: 7,5%; serveertemp.: 10-13 °C

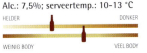

🇩🇰 Nørrebro Bryghus Bombay Pale Ale

Een uitstapje naar Kopenhagen is dé gelegenheid om het Nørrebro Bryghus te bezoeken. Ter plekke wordt uitstekend bier gebrouwen en op het menu staan Scandinavisch getinte klassiekers. Dit koperoranje bier neigt naar de Amerikaanse IPA's met zijn moutachtige kern en citrus-florale hopkarakter.
Land: Denemarken
Alc.: 6,5%; serveertemp.: 9-11 °C

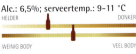

➕ Meantime IPA

Onder de champagnekurk verbergt zich een koperkleurig bier. Sommigen houden niet van de aroma's van toffeemout, bittere sinaasappel en hopzak. Zelf geniet ik van de moutachtige kern die laag over laag is belegd met harsachtige hop die peperig en bitterzoet in de afdronk wordt.
Land: Engeland
Alc.: 7,5%; serveertemp.: 10-13 °C

🏴󠁧󠁢󠁳󠁣󠁴󠁿 Highland Brewing Orkney Blast

Oranjegoud met een verrukkelijk aroma van citrusschil (alle soorten) en op de achtergrond een ietwat floraal karakter. Een heldere, pittige aanzet boordevol sappig fruit (abrikoos en sinaasappel). Een lange afdronk, kruidig en lichtzoet. Een heerlijk bier, gevaarlijk doordrinkbaar gezien de sterkte.

Serveren bij: Jamaicaanse *jerk* van kip met rijst en doperwten
Land: Schotland
Alc.: 6%; serveertemp.: 10-13 °C

🇺🇸 Harpoon IPA

In het glas ziet dit vaalgouden bier er bijna als lagerbier uit, maar even ruiken en de illusie vervliegt; er is een overvloed aan dennennaalden en -appels met een beetje citrusvlies voor de juiste verhoudingen. Tamelijk zoete smaak, maar een middeldroge afdronk met een lange pittige bitterheid.
Land: Verenigde Staten
Alc.: 5,9%; serveertemp.: 7-10 °C

🏴󠁧󠁢󠁳󠁣󠁴󠁿 Belhaven Twisted Thistle

Hoewel de Schotten bekendstaan om hun zoetere moutachtige bieren, zit deze kopergouden IPA boordevol aroma's van sinaasappel, grapefruit en stoffige hopzak. De zoetige moutsmaak (grapefruit, mandarijn) wordt in de afdronk kruidiger en bitterder.
Land: Schotland
Alc.: 5,3%; serveertemp.: 10-13 °C

🏴󠁧󠁢󠁳󠁣󠁴󠁿 BrewDog Punk IPA

Wat blijft er over als we alle poeha omtrent controversiële omschrijvingen, provocerende namen en modieuze etiketten weglaten? Slechts een heerlijk bier. Een fantastische goudkleurige IPA met tropisch fruit (ananas, mango) in de neus, een zoetige smaak en een droge grapefruitachtige afdronk. Een arrogante klassieker.
Land: Schotland
Alc.: 6%; serveertemp.: 10-13 °C

✚ Saltaire Cascade

Saltaire in West-Yorkshire ligt aan de rand van een Unesco-werelderfgoedgebied. De bieren van deze betrekkelijk jonge brouwerij worden met de dag beter. Deze vaalgouden ale heeft een heerlijk zoet floraal karakter en een milde afdronk met dennennaalden. Engelse ale met een Amerikaans accent.
Land: Engeland
Alc.: 4,8%; serveertemp.: 10-13 °C

De Bostonse brouwerij Harpoon ligt aan het water en is de grootste ambachtelijke brouwerij in New Engeland.

Een gistlaag in een enorme vergistingskuip.

🇺🇸 Bells Two Hearted Ale

Kopergoud met een massief aroma van aardse, natte harsachtige hop. De smaak is middelzoet en verraadt fruitige mout onder een krachtig hopkarakter, dat de indruk van sinaasappel en gembermarmelade geeft. Kruidig en opwindend, met een pittige toets van citroengras in de afdrank. Heerlijk.

Serveren bij: droog, scherp eten, zoals kip tandoori, pikante kippenvleugeltjes of pittige taco's
Land: Verenigde Staten
Alc.: 7%; serveertemp.: 8-10 °C

🇺🇸 Sixpoint Bengal IPA

Deze kopergouden IPA heeft een aroma van knapperige hop, wat geldt voor meer IPA's. Deze IPA heeft daarnaast echter een duidelijke aanwezigheid van mout. Het karakter van citrusschil en toffee is goed te proeven; de mout blijft een ondersteunende rol spelen, ook al komt de hop in de smaak sterk naar voren.
Land: Verenigde Staten
Alc.: 6,8%; serveertemp.: 7-10 °C

🇺🇸 Mt. Shasta Mountain High IPA

Mistig koperkleurig met een vage vleug alcohol naast een aantrekkelijk aroma van mandarijn en dennennaalden. Deze IPA heeft een middelmatige body en een zachtzoete ontwikkeling. Deze zoetheid blijft aanwezig tot in de afdrank, waar ze zich vermengt met de bitterheid van de hop. Lekker.
Land: Verenigde Staten
Alc.: 7%; serveertemp.: 8-12 °C

🇺🇸 Stone IPA

Deze koperkleurige IPA heeft een verrukkelijk aroma van marmelade en sorbet. In de ontwikkeling een explosie van sinaasappelsorbet, getemperd door een forse pittige bitterheid. In de afdrank wordt dit bier droog, pittig en harsachtig met een toets van bittere sinaasappel die lang blijft hangen.
Land: Verenigde Staten
Alc.: 6,9%; serveertemp.: 7-10 °C

🇺🇸 Dogfish Head 60 Minute IPA

'60 minute' heeft betrekking op de kooktijd van het wort, waarin elke vijf minuten hop wordt toegevoegd via een machine die 'Sir Hops-A-Lot' werd gedoopt. Het mistige koperkleurige bier bevat een overvloed aan citrus, pijnboom en bitterzoete fruitigheid. Eentje die u niet mag missen.
Land: Verenigde Staten
Alc.: 6%; serveertemp.: 7-10 °C

🇺🇸 Victory Hop Devil

Deze koperrode IPA heeft een heerlijk robuuste mouttoets in zijn aroma. De toetsen van tropisch fruit (mango, papaja) in het aroma vinden we ook in de smaak, samen met wat bittere sinaasappel en een steeds aanwezige moutachtige ruggengraat. De afdronk heeft een aangenaam fruitig moutkarakter.

Serveren bij: steak met gekaramelliseerde uien, of een burrito met gegrild vlees
Land: Verenigde Staten
Alc.: 6,7%; serveertemp.: 7-10 °C

🇺🇸 Speakeasy Big Daddy IPA

Mistig kopergoud met een krachtig, levendig aroma dat uit het glas opspringt – sinaasappel (schil en vrucht), dennennaalden, stoffige hopzak en een hint van geroosterd graan op de achtergrond. In de smaak een golf van harsachtige bitterzoetheid die vervaagt tot een wrange bitterheid.
Land: Verenigde Staten
Alc.: 6,5%; serveertemp.: 7-10 °C

🇺🇸 Deschutes Inversion IPA

Een droge, lichte body met een toets van sinaasappelvlies en een tamelijk bittere smaak die samen met hints van alcohol ook in het aroma naar voren komt. De kleur doet donker geroosterde mout vermoeden, die tot uiting komt in de toffee- en karameltoetsen. Een lange bittere afdronk.
Land: Verenigde Staten
Alc.: 6,8%; serveertemp.: 7-10 °C

🇺🇸 Flying Dog Snake Dog IPA

Dit bier is een graadje intenser en heeft nootachtige kristalmout in het aroma. Het hopkarakter doet vermoeden dat de hopzakken werden opengescheurd met een kartelmes, waardoor de hop eruit is gebarsten en met zak en al in het rijpingsvat terecht is gekomen.
Land: Verenigde Staten
Alc.: 5,6%; serveertemp.: 8-12 °C

🇩🇰 Mikkeller All Others Pale

Een mistige kopergouden kleur met een verrukkelijk aroma van pittige harsachtige hop, samen met een toets van stoffige hopzak. Een frisse golf harsachtige hop komt naar binnen in de ontwikkeling, waardoor de smaak van middelzoet naar pittig, droog en bitter gaat. Erg lekker.
Land: Denemarken
Alc.: 6%; serveertemp.: 8-12 °C

De laatste tijd floreren de zogeheten clandestiene cafés (en biermerken) die als thema de drooglegging hebben.

double/imperial IPA

De term *double* (dubbel) of *imperial* (keizerlijk) kan aan elke bierstijl worden toegevoegd. Puristen menen dat het feitelijk niets betekent (ze hebben gelijk), maar het is oorspronkelijk bedoeld om een bier te brouwen met een ongewoon grote hoeveelheid mout en hop. Dit wil zeggen, zoals u vast al lang weet, dat het een bier is met een volle smaak dat gewoonlijk veel alcohol bevat. De hier gepresenteerde voorbeelden zijn ongewoon krachtig en bewerkstelligen dat alles wat u erna proeft nergens naar smaakt.

Rogge is in Oost-Europa nog steeds basisvoedsel en wordt soms door brouwers gebruikt om kleur en smaak toe te voegen. Rogge kan het bier een pittig, kruidig tintje geven.

🇺🇸 Shmaltz He'brew Bittersweet Lenny's RIPA

De zeer intense neus van dit donkere koper-goudkleurige bier heeft een hint van anijszaad (van de rogge?) en wat citrusschil boven op een nootachtig toffeearoma. De zoete smaak gaat langzaam over in een sterke bitterheid via toffee, gele rozijnen, sinaasappel en koekkruiden. Intens, indrukwekkend en uiterst aangenaam.

Serveren bij: stevige, hartige kost – enchilada's of lasagne
Land: Verenigde Staten
Alc.: 10%; serveertemp.: 7-10 °C

🇺🇸 Port Brewing Hop 15

Krachtige hoppige aroma's (dennennaalden, sinaasappel, zwarte peper) springen uit het glas. De smaak is marmeladeachtig zoet voor de hop zijn duivelse werk gaat doen. De afdronk is lang en bitterzoet, met een verwarmende alcoholische gloed. Griezelig doordrinkbaar.
Land: Verenigde Staten
Alc.: 10,5%; serveertemp.: 7-10 °C

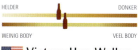

🇺🇸 Victory Hop Wallop

Victory's jaarlijkse loflied op de hopoogst; sjonge, wat kunnen ze hard zingen daar in Downington. Een vaalgouden ale met een doordringend fruitaroma – tropisch fruit, grapefruitschil en wat kumquat dansen op de meest aangename manier vrolijk over uw tong.
Land: Verenigde Staten
Alc.: 8,5%; serveertemp.: 6-10 °C

🇺🇸 Speakeasy Double Daddy Imperial IPA

Het intense aroma van deze ambergouden IPA herinnert aan fijngewreven verse hop; behoorlijk harsachtig en bijna verstikkend scherp. De smaak is middelzoet met tropisch fruit (mango, ananas, meloen), citroensorbet en pijnboom. Een massieve en bitterzoete afdronk.
Land: Verenigde Staten
Alc.: 9,5%; serveertemp.: 7-10 °C

🇺🇸 Great Divide Titan IPA

Deze kopergoudkleurige IPA is bijna rampzalig doordrinkbaar. Ik dronk er ooit vier vlot achter elkaar, omdat de grapefruitaroma's en dennennaaldenhop met de bitterzoete afdronk zo onweerstaanbaar waren. Dit resulteerde in een vredige sluimer en een behoorlijke zonnebrand.
Land: Verenigde Staten
Alc.: 6,8%; serveertemp.: 7-10 °C

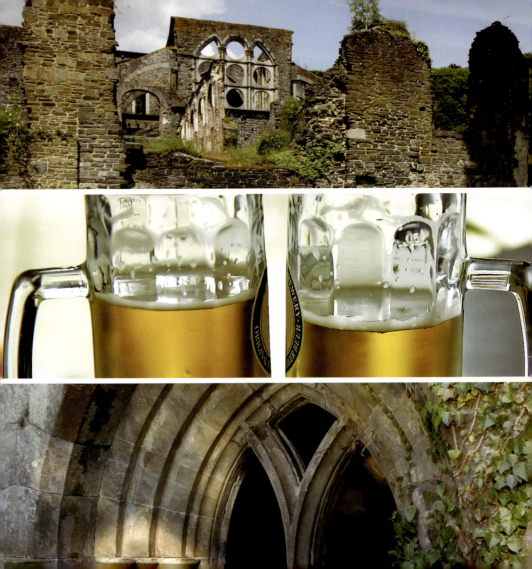

trappisten- & abdijbieren

Bier dat door monniken is gebrouwen, heeft iets speciaals. Alleen al het idee dat deze mannen in het klooster een leven leiden van werken en bidden ten dienste van hun god en af en toe pauzeren om de brouwketel op te stoken voor iets heel bijzonders... Het heeft allemaal net iets meer romantiek dan een industriële brouwerij aan de rand van de stad, nietwaar?

De naam 'trappist' is beschermd en kan maar door zeven trappistenbrouwerijen worden gebruikt, alle gevestigd in kloosters. In België zijn er zes (Chimay, Westmalle, Orval, Rochefort, Achel en Westvleteren), in Nederland een (La Trappe). Ergens is het vreemd om over trappistenbieren te praten alsof het een homogene groep betreft, omdat iedere brouwer zijn bier een bijzonder trekje geeft. De kwaliteit is gemiddeld hoog, maar qua stijl vertonen ze niet zoveel samenhang. Toch is het aura dat deze bieren omringt (misschien zoals het aureool een heilige) zo dat ze wereldwijd door bierdrinkers worden gerespecteerd.

Deze uitstraling en invloed hebben geleid tot een groep bieren die hun eer betonen aan deze klassiekers. Abdijbieren vormen een categorie die makkelijk te classificeren is op basis van sterkte en kleur – enkel, dubbel, tripel en quadrupel. Deze categorieën dateren vermoedelijk uit de tijd dat de meeste mensen nog niet konden lezen; de bieren werden gemarkeerd met een aantal X'en om de sterkte aan te geven, waarbij vier X'en het sterkst was (hoewel het waarschijnlijk slechts een kwestie van tijd is voor een enthousiaste Amerikaanse brouwer de quintupelstijl lanceert). De enkels zijn gewone blonde bieren met circa 6% alcohol. Dubbels zijn donkere bieren (zoals een bruin bier) van ongeveer dezelfde sterkte. Tripels zijn lichtgekleurd en bevatten zo'n 8% alcohol, terwijl de quadrupels eerder taankleurig dan donker zijn en een alcoholpercentage van circa 10% hebben. Hoewel veel abdijbieren netjes binnen deze stijlomschrijvingen passen, geldt dat niet voor de trappistenbieren. Westmalle maakt een dubbel en een tripel, en alleen La Trappe produceert de hele reeks van enkel (hun blonde bier) tot quadrupel.

Enkele abdijbieren worden op grote schaal gebrouwen en gedistribueerd, maar dat maakt ze niet minder interessant – integendeel: ze vormen een prima begin van het leren waarderen van bier. De trappistenbieren zijn misschien iets moeilijker te vinden, hoewel de distributie van La Trappe en Chimay erg goed is. De grootste uitdaging voor de bierjager vormen misschien wel de bieren van Westvleteren, die moeilijk te vinden zijn en door velen onder de beste bieren ter wereld worden gerangschikt. Deze bieren mogen officieel niet worden doorverkocht nadat ze in de abdij zijn gekocht. Het zal de broeders van de abdij in Westvleteren nog zwaar vallen om zich niet schuldig te maken aan de zonde van trots wanneer ze zien hoe gewild hun bieren buiten de abdij zijn!

abdij blond

Zoals te verwachten valt van een categorie waarin ook Belgische bieren zijn opgenomen, is er een groot verschil in smaak, ook al zijn alle bieren hier geclassificeerd als blond. Deze bieren zijn allemaal uiterst toegankelijk en hebben een karakter met veel body maar weinig uitdaging. Leffe Blond is het makkelijkst te vinden, maar sommigen kijken erop neer, omdat dit bier door een grote multinationale brouwer wordt geproduceerd. Maar er is niets mis mee en het is een prima introductie in deze stijl.

De cafés rondom het Grand' Place in Brussel serveren heerlijk Belgisch abdijbier.

🇧🇪 Ename Blonde

Blond bier wordt vaak simpelweg beschouwd als een introductie in Belgisch bier en niet meer dan dat. Dit bier brengt daar verandering in. De gistachtige pit heeft een kruidige toets en een goede hoppige complexe smaak. Veel van het karakter is bewaard gebleven doordat dit bier ongepasteuriseerd en ongefilterd is. Lekker.

Serveren bij: geroosterde vis of kip, of een bakje nootjes in een Brussels café
Land: België
Alc.: 6,5%; serveertemp.: 7-10 °C

🇧🇪 Grimbergen Blonde

Dit glasheldere goudkleurige bier is zacht en gerond. Het is mijn favoriete bier wanneer ik op vakantie ben in Frankrijk. Het is kennelijk overal verkrijgbaar. Middelzoet van smaak met een voedende moutachtige kwaliteit. Het heeft meer droogheid in de afdronk dan veel andere blonde bieren.
Land: België
Alc.: 6,7%; serveertemp.: 5-7 °C

🇧🇪 De Halve Maan Brugse Zot

De rijke, licht gistachtige pit en de volle vruchtenesters (banaan) in de neus van dit goudblonde bier plaatsen het boven andere vergelijkbare bieren. De smaak is middelzoet en in de afdronk is wat pittige droogte van toffeehop.
Land: België
Alc.: 6%; serveertemp.: 7-10 °C

🇧🇪 Leffe Blond

De gepolijst gouden Leffe Blond heeft veel body in de zoete moutsmaak. Ondanks de enorme productie is dit bier een goed voorbeeld van deze stijl. Het kruidige aroma van lichtgekleurde mout (koriander) leidt naar een zoetige fruitige smaak (banaan, rijpe appel) en een lange afdronk met weinig bitterheid.
Land: België
Alc.: 6,6%; serveertemp.: 5-7 °C

🇧🇪 Moortgat Maredsous 6

Dit middelgouden blonde bier heeft een mals moutaroma naast een toets van citroen. Dit bier heeft veel gemeen met het vlaggenschip van Moortgat, Duvel. In de smaak is een terughoudende hopaanwezigheid met wat aangename pit en een zoete afdronk.
Land: België
Alc.: 6%; serveertemp.: 7-10 °C

trappisten- & abdijbieren

abdij- & trappistentripel

Tripels zijn heerlijke bieren. Ze zijn op de een of andere manier erg volwassen; van het hoge alcoholpercentage tot de licht kruidige bitterheid van veel tripels. Je kunt ze uitstekend zo drinken, hoewel je daarmee wel het noodlot tart, want ze zijn behoorlijk sterk. Een van mijn favoriete voedsel-drankcombinaties is geroosterde asperges met een goed gekoelde Westmalle Tripel. De bitterheid van de Westmalle accentueert de roostersmaak en het krachtige plantaardige karakter van de asperges. Zoals gezegd: een volwassen genoegen, maar de moeite waard.

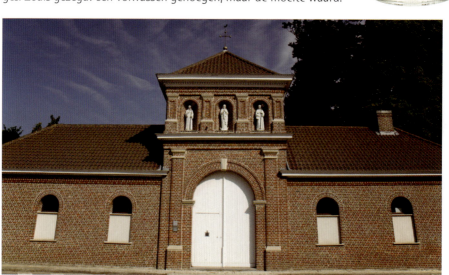

De Sint Sixtusabdij in Westvleteren, de brouwers van het beste trappistenbier ter wereld.

🇧🇪 Bosteels Tripel Karmeliet

Dit lichtgekleurde mistige meergranenbier (mout, tarwe en haver) heeft een werkelijk aantrekkelijk aroma van perzik en abrikoos. De haver geeft het bier meer mondgevoel en de middelzoete smaak maakt plaats voor een tamelijk lange, drogende afdronk. Een ondergewaardeerde klassieker.

Serveren bij: sterke zachte kaas, mosselen, patés en terrines
Land: België
Alc.: 8,4%; serveertemp.: 7-10 °C

🇳🇱 La Trappe Blond

Een helder gouden bier met een vol moutaroma (honing, karamel) en toetsen van deeg. Middelzoet van smaak met een zorgvuldig afgewogen complexiteit – niet te veeleisend, maar met genoeg gistachtige pit, peer en vage florale toetsen om het geheel spannend te houden. De afdronk is fruitig, gerond en middeldroog.
Land: Nederland
Alc.: 6,5%; serveertemp.: 8-12 °C

🇧🇪 Van Steenberge Augustijn

Dit kopergoudkleurige bier in tripelstijl heeft naast het hoparoma een alcoholisch karakter en een licht medicinaal accent. Droog en levendig van smaak met wat karakter van lichtgekleurde mout en een vage toets van gebrande suiker naast de stevige bittere hopafdronk.
Land: België
Alc.: 7%; serveertemp.: 7-10 °C

🇳🇱 't IJ Zatte

Het licht azijnachtige aroma is karakteristiek voor wilde gist, maar vind je niet gauw in een tripel. In de tamelijk droge smaak is veel te doen – bittere sinaasappel, koriander en een licht muffig, wrang karakter. De afdronk is droog en complex, toont pit en meer bittere sinaasappel, en blijft lang hangen.
Land: Nederland
Alc.: 8%; serveertemp.: 6-8 °C

🇧🇪 Du Bocq Corsendonk Agnus-Tripel

Dit bier heeft een lichte strogouden kleur en een erg aantrekkelijk aroma – lichtgekleurde mout, gist en kruidenbrood. Agnus heeft een zoete moutsmaak met een suggestie van vlierbessen en een zoetige middellange afdronk. Geen opsmuk, eenvoudig een blond abdijbier met kwaliteit.
Land: België
Alc.: 7,5%; serveertemp.: 7-10 °C

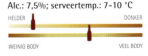

trappisten- & abdijbieren

🇨🇦 Unibroue La Fin Du Monde

Een tripelinterpretatie met veel body komt van deze door België gevestigde Canadese brouwerij. Het aroma zinspeelt op klassieke Belgische specerijen (koriander, Curaçaobitter, hoewel het bier niet gekruid is). De smaak is vol en tamelijk zoet en heeft wat drogende bitterheid in de afdronk.

Serveren bij: vissoep met rouille, koude gepocheerde kip met kerriemayonaise
Land: Canada
Alc.: 9%; serveertemp.: 7-10 °C

🇧🇪 Leffe Triple

Sommige bierdrinkers danken Leffe al bij voorbaat af omdat grote brouwerijen volgens hen slechte bieren maken. Vergeet het maar: dit is een prima voorbeeld van deze stijl. Kruidig en licht medicinaal in de neus, een zachte fruitigheid in de mond en een afdronk die zoet begint maar dan bitter wordt.
Land: België
Alc.: 8,5%; serveertemp.: 7-10 °C

🇺🇸 Victory Golden Monkey

Uit dit glas Amerikaans bier vliegt een bijna komisch aandoend Belgisch aroma – peer, druif, citrus en een kruidig, medicinaal hopkarakter. Kandijsuiker overal naast een krachtige mondvullende smaak. De fruitigheid van lichtgekleurde mout en een middelzoete smaak drogen tot een aangenaam bittere afdronk.
Land: Verenigde Staten
Alc.: 9,5%; serveertemp.: 7-10 °C

🇧🇪 Westvleteren Blond

Een zacht aroma van lichtgekleurde mout met toetsen van citroenhop en een vage hint van vergisting met wilde gist. Een complexe smaak van middelzoete lichtgekleurde mout en wrang citroenvlies. In de afdronk bouwt zich wat bitterheid op van hop. Complex maar makkelijk te drinken. Houdt het midden tussen een blond en een tripel. Fantastisch.
Land: België
Alc.: 5,8%; serveertemp.: 10-13 °C

🇳🇱 La Trappe Tripel

Lichtgekleurde mout, specerijen en een vage suggestie van toffee (er is beslist wat suiker toegevoegd) leiden naar een zoetige smaak. Het begin mag wat gewoon lijken, dat verandert bij het doorslikken; in de afdronk komen een zachte bitterheid en wat toetsen van gekonfijte engelwortel naar voren.
Land: Nederland
Alc.: 8%; serveertemp.: 7-10 °C

Historisch Leuven, België. Een groot deel van de stad wordt tegenwoordig gedomineerd door brouwerij Stella Artois, waar ook Leffe wordt gebrouwen.

Eenvoudige maar verfijnde gerechten, zoals gegrilde asperges, smaken prima bij goede trappistenbieren.

🇧🇪 Val-Dieu Triple

Dit is een goed voorbeeld in klassieke stijl. De fruitigheid (perzik, peer), lichtgekleurde mout en een licht medicinale citroenachtige hop zijn opvallend aanwezig in de neus. De smaak is precies zoet genoeg en gaat over in een fruitige (meer perzik en peer), licht peperige en vaag bittere afdronk.

Serveren bij: gevogelte in roomsaus, salade van andijvie, peer en roquefort
Land: België
Alc.: 9%; serveertemp.: 7-10 °C

🇧🇪 Urthel Hibernus Quentum Tripel

Deze tripel heeft een prachtig, evenwichtig en gerond karakter, dat in mindere bieren van deze stijl soms ontbreekt. Het levendige aroma heeft een flinke hoeveelheid fruit (peer, sinaasappel) en een honingachtig, floraal accent. De intense smaak (perzik, honing, peperige hop) loopt door tot in de afdronk.
Land: België
Alc.: 9%; serveertemp.: 7-10 °C

🇧🇪 Alvinne Tripel

Dit mistige kopergouden bier deelt een flinke kopstoot uit, en niet slechts door de hoeveelheid alcohol. Het aroma is fris fruitig (bittere sinaasappel, abrikoos) en de geuren komen ook in de levendige smaak tot uitdrukking. Middelzoet met een bittere toets van sinaasappelmarmelade in de afdronk. Een ongewone tripel, maar lekker.
Land: België
Alc.: 8,7%; serveertemp.: 9-11 °C

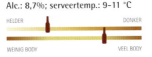

🇧🇪 Van Den Bossche Lamoral Tripel

Het is niet waarschijnlijk dat zulke zware bieren erg verfijnd zijn, maar dit bier heeft een luchtig, floraal karakter dat het erg doordrinkbaar maakt. Natuurlijk is er ook een vleug alcoholische warmte en wat lekkere hop. Het honingzoete karakter van sinaasappelbloesem maakt het opmerkelijk.
Land: België
Alc.: 8%; serveertemp.: 7-10 °C

🇧🇪 Moortgat Maredsous 10

Dit kopergouden bier heeft een kruidige, bijna medicinale intensiteit, die veel duurdere voorbeelden van deze stijl in hun hemd zet. In de smaak is een accent van kandijsuiker met veel pittige hop. De afdronk is lang, drogend en met de warmte van de alcohol.
Land: België
Alc.: 10%; serveertemp.: 7-10 °C

trappisten- & abdijbieren

🇧🇪 Westmalle Tripel

Een vaal strogoudkleurig bier met een intense neus van kruidige hop, waarin een hint van pittige specerijen (koriander? zwarte peper?). Het heeft een levendige smaak met een aangename droge bitterheid en een middelmatig intense, iets kruidige, hartige afdronk. Volgens velen dé klassieker in deze stijl.

Serveren bij: gegrilde asperges met geschaafde Parmezaanse kaas en gemalen zwarte peper
Land: België
Alc.: 9,5%; serveertemp.: 8-12 °C

🇧🇪 Achelse Kluis Achel Blonde

De bieren van Achel lijken elk jaar beter te worden. Ik herinner me dat deze tripel enkele jaren geleden zoeter was. Hoewel in de ontwikkeling nog steeds wat perzikachtige zoetheid zit, heeft de lange drogende afdronk nu een volwassen kruidige bitterheid.
Land: België
Alc.: 8%; serveertemp.: 7-10 °C

🇧🇪 Het Anker Gouden Carolus Tripel

Dit zware gouden bier is zorgwekkend doordrinkbaar. Een heerlijk zachte textuur, wat specerijen (koriander) en toetsen van abrikoos en perzik. In de ontwikkeling wat zoetheid, gevolgd door een bitterzoet zonneschijnkarakter. Een persoonlijke favoriet.
Land: België
Alc.: 9%; serveertemp.: 7-10 °C

🇧🇪 Chimay Wit

Chimay Wit (in grote flessen met kurk) is een van de weinige trappistenbieren met een uitgesproken hopkarakter. Het broodachtige aroma en de vage toets van wilde kruiden in de neus wijzen de weg naar een kruidige bitterzoete smaak en uitgesproken droge afdronk.
Land: België
Alc.: 8%; serveertemp.: 8-11 °C

🇧🇪 De Struise & Mikkeller Elliot Brew

Deze 'Speciale RateBeer Uitgave' (voor bierproefwedstrijden) wordt geproduceerd voor de 'internationale gemeenschap van bierproevers'. De pittige sinaasappelhop, de intense fruitigheid van citrusvlies, de gekruide afdronk (nootmuskaat) en de alcoholgloed staan garant voor een hoge waardering.
Land: België
Alc.: 9%; serveertemp.: 8-11 °C

Het kasteel in het Belgische dorpje Westmalle, waar een van de beroemdste trappistenbrouwerijen is gevestigd.

abdijbier & trappistendubbel

Een goede dubbel heeft een vol, ruig, stevig karakter dat geen enkele andere bierstijl heeft. De donkerder mout en de gemiddelde sterkte verzekeren u van een middelzoet en tamelijk fruitig bier. Denk niet dat de klassieke trappistenbieren de enige dubbels zijn die het drinken waard zijn. De abdijbieren van St. Bernardus, bijvoorbeeld, zijn van een uitstekende kwaliteit, en de bruine bieren die u hier ziet (de termen 'bruin' en 'dubbel' kunnen vrijwel altijd door elkaar worden gebruikt) zijn alle erg aangenaam, vooral de heerlijke Pelforth Brune, een Frans vakantiebier bij uitstek.

Geroosterde gerst geeft een donkere kleur en geroosterde smaak aan een bier.

🇧🇪 St. Bernardus Tripel

De florale gekruide toets in de neus van dit ambergoudkleurige bier is enigszins bedrieglijk, want het bier ruikt eigenlijk naar een blond van goede kwaliteit. In de smaak wordt alles duidelijker met toetsen van perzik en sinaasappel gevolgd door een middeldroge afdronk. Licht, fruitig en drinkt gevaarlijk makkelijk weg.

Serveren bij: gegrilde geitenkaas en salade met een citroendressing
Land: België
Alc.: 8%; serveertemp.: 7-10 °C

🇧🇪 Van Steenberge Augustijn Grand Cru

Deze zeer lichtgouden ale bevat veel florale en fruitige aroma's – jasmijn en abrikoos zijn makkelijk te onderscheiden. De smaak is aanvankelijk middelzoet maar verloopt naar een licht bittere afdronk, waar een vage zoetheid aanwezig is met een florale toets en wat pittige citroen.
Land: België
Alc.: 9%; serveertemp.: 7-10 °C

🇧🇪 Du Bocq Corsendonk Pater-Dubbel

Donkerbruin bier met robijnrode accenten. Pater heeft een moutkarakter met een golf van zoetige koffie en karamel in de ontwikkeling, die leidt tot een verrassend droge afdronk met gebrande rokerige en bittere accenten. Eenvoudig maar toch lekker.
Land: België
Alc.: 7,5%; serveertemp.: 7-10 °C

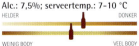

🇧🇪 De Halve Maan Bruges Zot Dubbel

Deze rossigbruine ale heeft een koppig, geparfumeerd karakter dat moeilijk te identificeren valt; een combinatie van moutbrood, koekkruiden en bijenwas. Dat klinkt niet bepaald aantrekkelijk, wel? Een volle smaak, moutachtig en complex met een verrassend droge afdronk. Erg lekker.
Land: België
Alc.: 7,5%; serveertemp.: 7-10 °C

🇧🇪 Ename Dubbel

Het is moeilijk te geloven dat een rossigbruin bier zo'n lichtheid kan hebben, maar dat is toch het geval. In de neus wat fruitigheid van de mout, in de smaak wat gedroogd fruit en in de afdronk een vage rokerigheid van houtvuur. De algehele indruk is er echter een van verfijndheid en evenwicht.
Land: België
Alc.: 6,5%; serveertemp.: 7-10 °C

trappisten- & abdijbieren

🇧🇪 Leffe Radieuse

De naam betekent 'stralenkrans' en de gloed die u omgeeft nadat u een aantal van deze bieren heeft genuttigd zou wel eens per vergissing voor een aureool kunnen worden gehouden. Dit koperbruine bier heeft een licht koppig karakter, een hint van in likeur gedrenkte kersen en *Rumtopf*, en een fruitige bitterzoete afdronk.

Serveren bij: terrine (liefst van wild) met zoete chutney en roggebrood
Land: België
Alc.: 8,2%; serveertemp.: 4-7 °C

🇧🇪 Leffe Brune

Ondanks de sombere mahoniekleur van dit grootschalig geproduceerde bier onderscheidt het zich in bijna niets van zijn blonde broertje. Het vertrouwde kruidige aroma heeft een vage hint van donker fruit en rook. De zoetige smaak verloopt naar een suggestie van bitterheid van geroosterd graan.
Land: België
Alc.: 6,5%; serveertemp.: 4-7 °C

🇳🇱 't IJ Natte

Dit bier is stilistisch gezien een dubbel, maar is daarvoor verrassend verfijnd. De karakteristieke wildheid van 't IJ is aanwezig in de neus, maar harmonieert met wat lichte specerijentoetsen (koriander). De fruitige smaak eindigt enigszins wrang met wat pit en een toets van bittere sinaasappel.
Land: Nederland
Alc.: 6,5%; serveertemp.: 7-10 °C

🇧🇪 Moortgat Maredsous 8

Naast de aroma's van gedroogd fruit en koffie vinden we in dit mahoniekleurige bier een hint van iets hartigs (sojasaus? barbecuesaus?). De smaak is droger dan verwacht met een wrang accent en een hint van wilde gist. Middeldroge nootachtige afdronk.
Land: België
Alc.: 8%; serveertemp.: 7-10 °C

🇫🇷 Pelforth Brune

Toen ik enkele jaren geleden in Frankrijk op vakantie was, verraste dit bier mij op aangename wijze. Een rijke roodbruine kleur en een donker, fruitig moutaroma met wat aardse kruidigheid. De smaak is tamelijk zoet, hoewel niet overdreven, en de kandijsuikerafdronk is droog en rokerig.
Land: Frankrijk
Alc.: 6,5%; serveertemp.: 7-10 °C

Rijke, zoete vleesgerechten, zoals wild, passen prima bij donkere abdijbieren.

Veel Belgische abdijen en kloosters raakten rond 1790 in verval; andere werden in stand gehouden door Franse immigranten die hun kennis van het brouwen meebrachten.

🇧🇪 St. Bernardus Pater 6

Het aroma van dit vaalbruine bier heeft een heerlijke deegachtige toets die herinnert aan een bakkerij waar het brood klaarstaat om in de oven te worden geschoven. Gist en honing in de neus, een zachte toffeetoets in de smaak en wat droogheid in de afdronk. Verrassend lichtvoetig en delicaat.

Serveren bij: gestoofde ossenstaart, eend met saus van zwarte kersen of hoisinsaus
Land: België
Alc.: 6,7%; serveertemp.: 7-10 °C

🇧🇪 Westmalle Dubbel

Westmalle is rossigbruin met robijnrode accenten. Dit bier heeft een middelmatige body. De gebruikte donkere mout en bruine suiker geven een smaak van gedroogd fruit en een hint van cacao in de afdronk. De laatste partijen lijken droger dan ik me herinner, maar dit bier heeft nog steeds een zoetig accent.
Land: België
Alc.: 7%; serveertemp.: 7-10 °C

🇧🇪 Achelse Kluis Achel Brune

Dit mahoniekleurige bier heeft een prachtige balans tussen kloosterachtige terughoudendheid en toegankelijkheid. De donkere moutneus heeft een hint van kersen en druiven. De smaak is aanvankelijk zoet met wat gedroogd fruit, maar droogt snel, waarna een bitterheid van geroosterde mout achterblijft.
Land: België
Alc.: 8%; serveertemp.: 7-10 °C

🇳🇱 La Trappe Dubbel

La Trappe, weer helemaal aanwezig onder de erkende trappistenbierproducenten, voert de meest toegankelijke reeks trappistenbieren. De Dubbel heeft aroma's van gebrande karamel en specerijen (koriander), een zoete smaak met een licht rokerige toets en een drogere afdronk dan je zou verwachten.
Land: Nederland
Alc.: 7%; serveertemp.: 7-10 °C

🇧🇪 St. Bernardus Prior 8

Middel-donkerbruin bier met een heerlijk moutachtig aroma van fruit, brood en karamel. De rijke souplesse van de smaak is heerlijk en toont meer gedroogd fruit, wat honing en nootachtige toetsen in de licht verwarmende en verrassend droge afdronk.
Land: België
Alc.: 8%; serveertemp.: 7-10 °C

trappisten- & abdijbieren

trappistenbier

Deze bladzijden gaan helemaal over één bier: Orval. Het is vreemd dat een dergelijk ogenschijnlijk zonderling bier – droog, peperig en na verloop van tijd muf door de brettanomycesgist – zo'n fervent eerbetoon oproept. Maar ja, het is eigenlijk een bier voor echte kenners; u moet iets weten over dit bier om er ten volle van te kunnen genieten. Mikkeller en Goose Island laten zien dat ze begrijpen wat Orval zo bijzonder maakt; natuurlijk geven zij er hun eigen wending aan. De versie van Mikkeller weerspiegelt bijna de grootheid van het origineel. Bijna...

De abdij in Orval. Uit geschreven bronnen blijkt dat hier al vanaf 1600 bier wordt gebrouwen.

🇧🇪 Orval Orval

De abdij Notre Dame d'Orval produceert slechts één bier – maar wat voor een! Het is een driedubbel vergist mistig en koperkleurig bier met een herkenbaar karakter van droge hop. Door de aanwezigheid van brettanomycesgist ontwikkelen gerijpte exemplaren een droge complexiteit met een karakteristiek 'paardenzweet'-aroma. Uniek.

Serveren bij: een heerlijk aperitiefbier op zichzelf, of serveer het bij gesneden koud vlees, of pasta met wilde paddenstoelen
Land: België
Alc.: 6,2%; serveertemp.: 11-14 °C

🇺🇸 Goose Island Matilda

Samen met Mikkellers It's Alive! een eerbetoon aan het klassieke trappistenbier Orval. Koperkleurig met een zacht-sappig aroma (rijp fruit, kruiden, dennennaalden). Wat complexe kruidigheid in de ontwikkeling, gevolgd door een lange middelzoete afdronk met wat karaktervolle bitterheid.
Land: Verenigde Staten
Alc.: 7%; serveertemp.: 10-13 °C

🇳🇱 't IJ Columbus

Het vage wilde accent van het bier van deze brouwer kan wat moeilijk zijn, maar is hier absoluut op zijn plaats. De wrange azijnachtige neus past goed bij het aroma van perzik en aardbei. In de smaak zitten lagen fruit (meer perzik), florale toetsen en zure citroen. Erg complex, erg lekker.
Land: Nederland
Alc.: 9%; serveertemp.: 10-13 °C

🇩🇰 Mikkeller It's Alive!

Een mistig koperkleurig bier met een krachtig pittig (sinaasappel, grapefruit) aroma en een toets van de brettanomycesachtige mufheid. Middeldroog met een grote uitbarsting van hop en meer brettanomyces in de smaak. Een lange afdronk met opbouwende bitterheid.
Land: Denemarken
Alc.: 8%; serveertemp.: 10-13 °C

🇧🇪 Chimay Rood

Mischien wel het best verkrijgbare trappistenbier. Chimay Rood heeft een uitnodigende geur van rode en donkere bosvruchten. In de smaak verschijnt de brouwsuiker direct als een zachte fruitigheid, daar achteraan komt wat droogte van hop om het geheel wat levendiger te maken.
Land: België
Alc.: 7%; serveertemp.: 12-14 °C

trappisten- & abdijbieren

donker trappistenbier

Nu wordt het serieus. Hoewel het praktisch is om een indeling te hebben in dubbel en tripel, is er soms geen echte benaming die in een keer een hele groep bieren dekt. Dan kiezen we maar een omschrijving van hun verschijningsvorm. De trappistenbieren van Rochefort zijn niet goed in stijlen te verdelen, alleen in sterkte; ze worden intensiever naarmate we hoger op de schaal komen. De 10 wordt als klassieker gezien, hoewel ik zelf de voorkeur geef aan de geronde drinkbaarheid van de 8. We hebben het op deze bladzijden over de gerespecteerde, bijna mythische bieren van Westvleteren.

Donker bier en sterke kaas, een klassieke combinatie

🇧🇪 Rochefort
Rochefort 8

Rochefort 8 heeft een taanbruine kleur en een complexe neus van bruinbrood en banaan. Een overvloed van fruit- en mouttoetsen (dadels, geroosterd brood, koffie en sherry) in de smaak. De afdronk is lang en tamelijk drogend met slechts een vleugje merkbare alcohol. Voor zo'n zwaar bier makkelijk te drinken.

Serveren bij: patés, sterke kaassoorten, hartige stoofgerechten
Land: België
Alc.: 9,2%; serveertemp.: 10-13 °C

🇧🇪 Chimay Blauw

Chimay Blauw (die in grote flessen met kurk 'Grande Reserve' heet) is een donker koperkleurig bier met karamel en koekkruiden in de neus, een assertief karakter van moutbrood in de ontwikkeling en een zacht stootje verwarmende alcohol in de langzaam drogende afdronk.
Land: België
Alc.: 9%; serveertemp.: 10-13 °C

🇧🇪 Westvleteren Extra 8

Dit augustusbier is lekker als het jong is, maar verrukkelijk als het rijper is. Roodbruin van kleur met een aroma van pruimen, in likeur gemarineerde kersen en cognac in zijn jeugd. Gerijpt verkrijgt dit bier een verbazingwekkende complexiteit van honing, noten, bijenwas en een medicinaal accent.
Land: België
Alc.: 8%; serveertemp.: 10-13 °C

🇧🇪 Rochefort
Rochefort 10

Na het inschenken lijkt het sprekend op cola. Rochefort 10 is donker met rossige accenten. In de neus zijn vijgen, zure pruimen en pure chocolade. Dit bier is zwaar maar heeft een evenwichtige smaak met donker fruit, koffie, pure chocolade en een vleug whisky in de afdronk. Een bier van wereldklasse.
Land: België
Alc.: 11,3%; serveertemp.: 10-13 °C

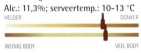

🇧🇪 Rochefort
Rochefort 6

In deze koperbruine Rochefort 6 springen de aroma's van karamel en gedroogd fruit al bij het inschenken uit het glas. Dit bier heeft een lichtere body dan verwacht, maar een evenwichtig, bitterzoet karakter dat doet denken aan sterke Engelse ale.
Land: België
Alc.: 7,5%; serveertemp.: 10-13 °C

trappisten- & abdijbieren

trappisten- & abdijquadrupel

De weg over de intensiteitsschaal van dubbel naar tripel eindigt logischerwijs met een quadrupel. Hier is ook de Westvleteren 12 in opgenomen, volgens velen het beste bier ter wereld. Het wordt uitsluitend bij de abdij verkocht, maar met de eis dat het niet met winst wordt doorverkocht. Natuurlijk verandert het vaak van hand na de aankoop, en ik moet bekennen dat ik ook deelgenomen heb aan deze illegale handel, waarbij ik er welbewust voor heb gezorgd dat de flessen niet verder werden doorverkocht, door elke gevonden fles leeg te drinken.

Sterke, fruitige gerechten, zoals eendenborst in kersensaus, passen prima bij trappistenbier.

🇧🇪 Westvleteren Abt 12

Voor velen het beste bier ter wereld. Dat komt deels door zijn zeldzaamheid, deels doordat het een heerlijk bier is en fantastisch goed wordt door rijping. Vijgen, rozijnen en pruimen verdringen elkaar in het aroma. De smaak is zoetig vijgachtig en droogt via nootachtige toffee tot een bijna hartige climax.

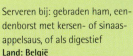

Serveren bij: gebraden ham, eendenborst met kersen- of sinaasappelsaus, of als digestief
Land: België
Alc.: 10,2%; serveertemp.: 10-13 °C

🇧🇪 St. Bernardus Abt 12

Het koppige aroma van dit roodbruine bier heeft gedroogd fruit, karamel en een rijk, zoet geparfumeerd accent. De smaak is zacht, gerond en soepel met een koppig, floraal karakter naast wat rijpe pruimen, toffee en drop. In de middeldroge afdronk is wat warmte merkbaar.
Land: België
Alc.: 10%; serveertemp.: 10-13 °C

🇧🇪 Grimbergen Optimo Bruno

Als u het woord 'Bruno' per ongeluk voor bruin aanzag, was u vast onder de indruk van de hoeveelheid smaak in dit bier – in alcohol gemarineerde kersen, zoet gestoofd fruit en chocolade, met wat bitterhop in de afdronk. Pas op: heerlijk maar dodelijk.
Land: België
Alc.: 10%; serveertemp.: 10-13 °C

🇳🇱 La Trappe Quadrupel

Zoete gedroogde vruchten en hoestbonbons overheersen in het aroma van dit koperkleurige bier. De smaak onthult een veelbetekenend vleugje warme alcohol samen met een vaag medicinaal dropkarakter en meer lichtgekleurd gedroogd fruit. De afdronk is bitterzoet met overrijp fruit.
Land: Nederland
Alc.: 10%; serveertemp.: 10-13 °C

🇧🇪 Urthel Samaranth Quadrupel

Er wordt nog altijd over getwist of quadrupel nu wel of geen echte stijl is, maar het is in elk geval een handige methode om te weten wat u te wachten staat. Taankleurig met veel karakter van toffee en gedroogd fruit. Een zware fruitige smaak met wat cognactoetsen en een lange verwarmende afdronk.
Land: België
Alc.: 11,5%; serveertemp.: 10-13 °C

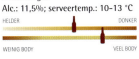

barley wine & old ale

Old ale en barley wine zijn in dit hoofdstuk samengevoegd. Hoewel de uitersten in beide groepen nogal van elkaar verschillen, is er ook veel overeenkomst tussen deze twee stijlen. Op het snijpunt kunt u een bier verwachten dat een alcoholpercentage heeft van rond de 8%, middel- tot donkerbruin is en een tamelijk zoete, moutachtige smaak heeft. Aan de buitengrenzen van elke categorie kunt u een old ale vinden die bijna zo zwart is als stout, met een alcoholpercentage van circa 4,6%, en een kopergoudkleurige barley wine met een alcoholpercentage van 11,5%.

Old ale is moeilijk duidelijk te definiëren, maar een typisch voorbeeld heeft een alcoholpercentage van 5%, is rossig-donkerbruin met een fruitmoutkarakter en wat droogheid. Dit bier moet beslist iets verwarmends en herstellends in zich hebben, en dat hoeft niet beslist de warmte van de alcohol te zijn, maar eerder een hartig, stevig karakter dat beter naar voren komt wanneer het op een koude winteravond in een Engelse pub voor het open vuur wordt gedronken. Het heeft iets (niet de alcohol) wat de kou helpt verdrijven.

Er is ook een traditionele variant van old ale die in houten vaten is gerijpt en daardoor een bepaalde complexiteit heeft ontwikkeld door de werking van de wilde gisten en bacteriën in het vat. Soms wordt het *stale ale* ('verschaalde ale') genoemd, hoewel deze eigenschap hier juist gewaardeerd wordt in plaats van verguisd. Het karakter lijkt op dat van lambiekbieren, hoewel het veel minder uitgesproken is dan in de relatief verfijnde (als ze jong zijn) lambiekbieren, omdat de old ale aan het begin van het rijpingsproces al een veel robuuster bier is.

Barley wine (gerstewijn) is, zoals u waarschijnlijk al verwachtte, wat zwaarder. Het is een sterk brouwsel en bedoeld om met kleine slokjes lang van te genieten. Het is vooral een genot voor koudere nachten, maar ook heel geschikt om na de maaltijd te drinken, in plaats van een cognacje of likeurtje. Ik serveer de sterke barley wine liefst in een cognacglas of een overmaats wijnglas. U hoeft niet per se te wachten tot na de maaltijd, want barley wine past ook prima bij een kaasplankje met sterk smakende kazen.

Barley wine wordt vaak gezien als de kroon op het werk van een brouwerij en als bekwaamheidsproeve van een brouwer. Hoewel deze bieren technisch gezien tot de ales behoren, die een betrekkelijk snelle vergisting hebben en een kort productieproces, moeten ze vele weken vergisten om daarna een tijd in de brouwerij te rijpen alvorens te worden gedistribueerd. Het is voor brouwerijen een flinke klus om deze bieren te produceren, maar het spectaculaire resultaat is de inspanning meer dan waard.

barley wine

Natuurlijk is het geen echte wijn, maar door verschillende wetten in de Verenigde Staten wordt geëist dat deze bieren geëtiketteerd worden als 'barleywine-style ale' om verwarring te voorkomen. Als groep worden deze bieren gekenmerkt door hun behoorlijk hoge alcoholpercentage en een vol, fruitig moutkarakter; de vergisting wordt gevarieerd door de hopbitterheid aan te passen. Vrijwel alle bieren in deze sectie worden beter als ze een poosje liggen; ongeveer een jaar voor de lichtste typen, tot minstens vijf jaar voor de sterkste.

Stilton, de koning van de Engelse kazen, en barley wine vormen een traditionele combinatie.

🏴󠁧󠁢󠁥󠁮󠁧󠁿 Fuller's Vintage Ale

Dit bier wordt elk jaar iets anders gebrouwen en is geschikt om langdurig op te leggen. Dit jaar (2008) presenteert een luxueus aroma van sinaasappels, vruchtentaart en sherry. In de smaak is de voor Fuller klassieke toets van gemberbrood met meer sinaasappel, marsepein en toffee. Een aangenaam drogende afdronk door de hop.

Serveren bij: een assortiment oude kazen, waaronder blauwe stilton en oude cheddar
Land: Engeland
Alc.: 8,5%; serveertemp.: 10-13 °C

🏴󠁧󠁢󠁥󠁮󠁧󠁿 Hogs Back A Over T

Niet alle barley wines zijn eindeloze lofzangen op de brouwerskunst. Dit koperbruine bier is een robuust voorbeeld zonder pretenties. Het heeft een goed moutachtig aroma (rijp en gedroogd fruit, karamel); een zoete, fruitige smaak (tamelijk weinig koolzuur) en een lange afdronk met een lichte bitterheid van hop.
Land: Engeland
Alc.: 9%; serveertemp.: 10-13 °C

🏴󠁧󠁢󠁥󠁮󠁧󠁿 Woodforde's Head Cracker

Het pittige aroma van sinaasappelhop doet denken aan een IPA, maar laat u niet voor de gek houden. Het zoete hoestbononeffect in de smaak en de lang blijvende fruitige afdronk (marmelade, bittere sinaasappel) passen meer bij een barley wine. Een toets van zure pruimen houdt het geheel levendig.
Land: Engeland
Alc.: 7%; serveertemp.: 10-13 °C

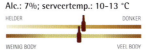

🇸🇪 Nils Oscar Barley Wine

De aroma's van gedroogd fruit (abrikozen, gele rozijnen) stijgen op uit dit glas kopergouden barley wine. De smaak heeft fruit (weer gele rozijnen) met een hint kandijsuiker in de lange drogende afdronk. Waar hebben ze de alcohol verborgen, vraagt u zich af? Wacht twintig minuten, dan weet u het.
Land: Zweden
Alc.: 9,5%; serveertemp.: 10-13 °C

🏴󠁧󠁢󠁥󠁮󠁧󠁿 JW Lees Moonraker

Dit rossig-donkere bier heeft een dichte romige schuimkraag en een aroma van gedroogd fruit, sherry en een vleugje wrangheid waardoor het bier niet te zoet wordt. In de middelzoete smaak is veel body, een drogende bitterheid en wat wrangheid. De afdronk is lang en fruitig.
Land: Engeland
Alc.: 7,5%; serveertemp.: 10-13 °C

🏴󠁧󠁢󠁥󠁮󠁧󠁿 O'Hanlons Thomas Hardy's Ale

Speciaal bedoeld om op de fles te laten rijpen. Dit bier is intens bitterzoet, licht gebrand en bijna confronterend wanneer het jong is. Na rijping smelten de smaken samen en verschijnen langzaam sherry, cognac, bittere sinaasappels en wagonladingen fruit in de smaak. Dit bier kan 25 jaar rijpen, maar ik vind het op zijn best na tien jaar. Buitengewoon.

Serveren bij: oude blauwe stilton; tevens geschikt als afterdinnerdrankje
Land: Engeland
Alc.: 11,7%; serveertemp.: 10-13 °C

🏴󠁧󠁢󠁥󠁮󠁧󠁿 JW Lees Harvest Ale

'Gebrouwen ter viering van de brouwkunst' vermeldt het etiket. En inderdaad, wat voor een viering! Vervuld van moutachtige aroma's van gedroogd fruit (vijg, abrikoos, gele rozijnen). Een verrukkelijke, rijke smaak van zoet fruit en wat kruidigheid. East Kent Goldinghop breekt door in de droge afdronk. Een echte klassieker.
Land: Engeland
Alc.: 11,5%; serveertemp.: 10-13 °C

🇺🇸 Sierra Nevada Bigfoot

Dit roodbruine bier heeft een angstwekkend intens hoparoma, maar zet even door en geniet ervan. Harsachtige hop wekt de neus, terwijl hij op de tong tegenwicht geeft aan de moutachtige zoetheid. De afdronk is bitterzoet. Niet voor bangeriken.
Land: Verenigde Staten
Alc.: 9,6%; serveertemp.: 10-13 °C

🏴󠁧󠁢󠁥󠁮󠁧󠁿 Sharp's Massive Ale

Stuart Howe, hoofdbrouwer van Sharp, bewijst zijn kunnen met een buitengewone gebottelde barley wine. Een aanlokkelijke neus van gedroogd fruit met een sherrytoets en een duidelijke smaak van rozijnen en pruimen. In de lange rijke afdronk ontwikkelen zich wat herfstige kruidentoetsen. Lekker!
Land: Engeland
Alc.: 10%; serveertemp.: 10-13 °C

🇺🇸 Flying Dog Horn Dog

Dit donkere rossigbruine bier heeft een zacht, fruitig karakter dat doet denken aan in boter gebakken vruchtencake, gedrenkt in sherry. Hoezo bakt u vruchtencake niet in boter? Probeer het maar. Echt waar: het is heerlijk in de winter.
Land: Verenigde Staten
Alc.: 10,2%; serveertemp.: 10-13 °C

Frederick, Maryland, de vestigingsplaats van brouwerij Flying Dog.

old ale

Old ale is een tamelijk brede categorie, zoals dadelijk zal blijken. Anchor Old Foghorn is een goed bier om de overgang tussen barley wine en old ale te markeren; het lijkt in beide categorieën te passen. Andere voorbeelden omvatten bier dat een merkbare gerijpte bacteriële invloed heeft, donkere en rokerige bieren en gekruide ale. Hoewel de variatie groot is, worden deze bieren verenigd doordat ze een hartige, robuuste kwaliteit hebben en een nadruk op het moutkarakter. Het zijn de tegenpolen van de lichtgekleurde zomerbieren, geschikt voor koude dagen, lange, donkere avonden en momenten van rustige overpeinzing.

Brouwerij Adnams in Southwold, een klein dorpje aan de Oost-Engelse kust.

🇺🇸 Anchor Brewing Old Foghorn

Dit is een vijfsterrenklassieker. Koppige vijgenaroma's, *cream sherry*, cognac en specerijen schemeren door het oppervlak van deze rossige ale. In de smaak een grote golf olie-achtige zoetheid, meer vijgen en geroosterd brood. De bittere sinaasappelsmaak, het handelsmerk van deze brouwerij, schijnt door in de zoetige pruimachtige afdronk. Heerlijk!

Serveren bij: gebakken zachte kaas op een warm stokbroodje, maar ook op zichzelf lekker
Land: Verenigde Staten
Alc.: 8,8%; serveertemp.: 13 °C

➕ Woodforde's Norfolk Nog

Dit rossig-donkere bier is fantastisch complex. Er zijn toetsen van rijp fruit, bananenschil, koffie en drop in de neus en de smaak barst uit met pure chocolade en een vleugje rook. De afdronk is droog en licht gehopt met meer koffie en wat donkere bosvruchten.
Land: Engeland
Alc.: 4,6%; serveertemp.: 10-13 °C

➕ Box Steam Brewery Dark & Handsome

Dit heerlijke rossigbruine bier heeft een vaal taankleurige schuimkraag. Het bier barst van de smaak: noten, koffie, drop en donkere bosvruchten, alles gewikkeld in een zijdeachtige textuur met een zoetige afdronk met wat geroosterde bitterheid. Uitstekend.
Land: Engeland
Alc.: 5%; serveertemp.: 11-13 °C +1

➕ Theakstons Old Peculier

Deze donkere robijnrode ale heeft met zijn opzettelijk ouderwetse spelling wel iets van een klassieker. In het aroma overheersen zachte mout, vijgen en drop. De smaak heeft veel body en wordt gedomineerd door chocolade en sterk geroosterde mout. In de afdronk is meer rokerige drop.
Land: Engeland
Alc.: 5,6%; serveertemp.: 13 °C

➕ Adnams Broadside

Enigszins een rariteit omdat dit bier gebotteld veel sterker is dan uit het vat. Gebottelde Broadside is een diep rossigbruin bier met een krachtig vruchtentaartaroma en de juiste hoeveelheid zoetheid van gedroogd fruit in de smaak. De afdronk heeft een traditionele Engelse bitterheid.
Land: Engeland
Alc.: 6,3%; serveertemp.: 10-13 °C

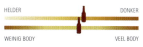

barley wine & old ale

🏴󠁧󠁢󠁥󠁮󠁧󠁿 Greene King Strong Suffolk Vintage Ale

Een mengsel van twee bieren: Best Pale Ale (5%) en Old 5X (15%). De laatste rijpt in een enorm eikenhouten vat. Het resulterende mengsel is mahoniebruin en robuust fruitachtig met een lichtelijk droge eikachtige wrangheid in de afdronk.

Serveren bij: sterke kaassoorten en pickles, of een hartige runderstoofschotel of wildpastei
Land: Engeland
Alc.: 6%; serveertemp.: 10-13 °C

🏴󠁧󠁢󠁥󠁮󠁧󠁿 Dent T'owd Tup

De naam komt uit een oud dialect in Yorkshire en betekent 'de oude ram'. Op het etiket staat 'robijnkleurige rode stout', maar daarvoor is er te veel zoete vruchtentaartsmaak. Een robijnrode mild dan? Te veel hopkarakter. Heerlijk, complex en net zo onbegrijpelijk als het dialect waarnaar het is genoemd.
Land: Engeland
Alc.: 6%; serveertemp.: 12 °C

🏴󠁧󠁢󠁳󠁣󠁴󠁿 Traquair Jacobite Ale

Een donkerbruin bier met robijnrode accenten. Boven op het moutachtige, houtige aroma is een duidelijk herkenbare zoetheid van koriander. De koriander vinden we ook in de zoetige smaak (toetsen van vanilleroom en karamel) en hij blijft aanwezig in de lange drogende afdronk.
Land: Schotland
Alc.: 8%; serveertemp.: 13 °C

🏴󠁧󠁢󠁳󠁣󠁴󠁿 Traquair House Ale

Dit bronsgekleurde bier heeft een complex moutaroma met een hartig, bijna vleesachtig karakter en hints van hout en butterscotch. De middelzware smaak is zowel moutachtig als tamelijk droog. Meer hout komt naar voren in de droge, hardnekkige en licht harsachtige afdronk.
Land: Schotland
Alc.: 7,2%; serveertemp.: 10-13 °C

🏴󠁧󠁢󠁥󠁮󠁧󠁿 Fuller's Gale's Prize Old Ale

De huisgist van Fuller geeft deze klassieke old ale het karakter van kruidig gemberbrood. Moutbrood in de neus met een opzettelijk zuurtje om de smaak te verlevendigen. De scherpte vervloeit in een fruitige afdronk met veel karakter van plumpudding en cognac.
Land: Engeland
Alc.: 9%; serveertemp.: 10-13 °C

Het interieur van een traditionele Engelse pub.

The Pike – een pub die verbonden is aan het merk Brakspear's – in de Cotswoldsheuvels in Midden-Engeland.

🏴󠁧󠁢󠁥󠁮󠁧󠁿 Marston's Owd Rodger

Deze mahoniekleurige zware ale heeft een krachtige smaak, zoals al blijkt uit het aroma van pruimen, vruchtentaart en de vage vleug alcohol. De smaak is stevig en enigszins plakkerig met wat warmte bij het doorslikken. De droogte van hop geeft tegenwicht aan de zoetheid.

Serveren bij: gebraden rundvlees, met blauwe kaas gevulde paddenstoelen
Land: Engeland
Alc.: 7,6%; serveertemp.: 10-13 °C

🏴󠁧󠁢󠁥󠁮󠁧󠁿 Robinson's Old Tom

De betovering van dit donkerbruine bier begint met de robijnrode accenten in de kleur. Het heerlijke moutaroma van gedroogd fruit heeft een accent van donkere bosvruchten en de zacht zoete smaak is een feest. In de afdronk verschijnt wat lichte bitterheid onder de dominerende mout. Heerlijk met sterke blauwschimmelkaas.
Land: Engeland
Alc.: 8,5%; serveertemp.: 10-13 °C

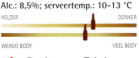

🏴󠁧󠁢󠁥󠁮󠁧󠁿 Brakspear Triple

Dit driemaal vergiste, driedubbel gehopte bier is niet bepaald een Engelse ale van dertien in een dozijn. In de neus overheersen aromatische hop en banaanesters. De aanvankelijk zoete smaak wordt na het doorslikken droog, pittig en nootachtig. De alcohol is nauwelijks te bemerken. Drinkt lekker weg.
Land: Engeland
Alc.: 7,2%; serveertemp.: 10-13 °C

🏴󠁧󠁢󠁥󠁮󠁧󠁿 Moorhouse's English Owd Ale

Old ales hoeven niet per se donker of buitengewoon zwaar te zijn, zoals dit prima bier laat zien. In de neus vinden we perzikachtige mout en geroosterde haver. Dit kopergouden bier is middelzoet met een koppige abrikozenafdronk. Alleen verkrijgbaar als exportbier voor de Verenigde Staten.
Land: Engeland
Alc.: 5,9%; serveertemp.: 10-13 °C

🇦🇺 Cooper's Dark

Deze rossig-donkere ale heeft een verrassend vol aroma met koffie, drop en wat specerijen. Dit bier heeft een tamelijk lichte body en een droog nootachtig accent. In de afdronk meer koffie, chocolade en een vage houtachtigheid. Een donkere ale die lekker weg drinkt.
Land: Australië
Alc.: 4,5%; serveertemp.: 10-13 °C

barley wine & old ale

porter & stout

Iedereen kan een stout uit een rijtje bieren pikken – het is de zwarte; vaak met een romige schuimkraag met koolzuur. Stout wordt zo donker door de sterk geroosterde mout en vaak eveneens door geroosterde rauwe gerst, die een versgeroosterd karakter aan het brouwsel geeft. Natuurlijk is Guinness bijna synoniem met stout – waarschijnlijk is Guinness het bekendste bier ter wereld – maar er is een wereld aan smaak in deze zwarte schuimende klassieker.

Hoewel porter een stijl is die tegenwoordig niet zo populair meer is, was het ooit hét bier. Eind achttiende eeuw vierde de porterproductie in Londen haar hoogtijdagen, en dit donkerbruine bier was alomtegenwoordig. Porter was een middelzware donkerbruine ale, die (naar wens) enkele maanden op het vat gerijpt was, waardoor een hint van de complexiteit verscheen die we van de lambiekbieren en de *stale* old ales kennen. Gerijpte porterbieren waren zo gewild dat de brouwerijen grote vaten bouwden om de porter te laten rijpen. Het grootste vat was van brouwerij Meux in Londen en kon 600.000 liter bier bevatten. Zoveel bier weegt erg veel en het was dan ook niet verbazingwekkend dat het vat het niet hield. Het gevolg was de grote Londense porteroverstroming in 1814, waarbij acht mensen omkwamen. Daarna werden zulke grote vaten niet meer gebouwd.

In de brouwwereld blijft niets lang hetzelfde. Brouwers vinden het leuk om te prutsen aan hun recepten en uiteindelijk werd een zwaarder soort porterbier geproduceerd. In die tijd werd het een *stout porter* genoemd, waarbij *stout* de betekenis van sterk had. Uiteindelijk verdween het woord *porter* uit de naam en werd de stout geboren. Het vreemde is dat veel stout in de loop van de tijd minder zwaar is geworden en porterbieren een sterkere imperialuitstraling hebben gekregen. Sommige porters hebben zelfs een alcoholpercentage boven de 10%. Ik ken geen bierstijlen die zo lastig te verdelen en begrijpen zijn als stout en porter.

Op de volgende bladzijden vindt u enkele behoorlijk monumentale bieren, maar ook een flink aantal bieren met een gemiddelde sterkte en een buitengewone balans. Het zwarte spul ziet er enigszins ontoegankelijk uit, maar wees gerust: er zijn heerlijke smaakdiepten te genieten. Natuurlijk is het een volwassen genoegen (dat geldt voor elk bier), maar als u van pure chocolade en koffie houdt, zijn uw smaakpapillen klaar om de kwaliteiten van stout en porter te verkennen.

porter

Hoewel we nu weten dat stout en porter twee kanten van dezelfde medaille zijn, is het onderscheid niet strikt vastgelegd. De porters op de volgende bladzijden redden het net om qua stijl een wat lichtere stout te zijn, hoewel sommige (vooral Anchor Brewing, Saku en Nøgne Ø) zelfs deze vage grenzen overschrijden. Persoonlijk proef ik graag een lichtzure toets in een porter. Ik stel me graag voor dat wat wrangheid een echo is van de dagen toen porter in grote houten vaten te rijpen werd gelegd, waardoor bacteriële invloeden voor een ongewoon karakter zorgden.

Verschillende gradaties van roosteren beïnvloeden de kleur en de smaak van gerstemout.

🏴󠁧󠁢󠁥󠁮󠁧󠁿 Meantime London Porter

Naast de te verwachten toetsen van koffie en chocolade is er een vleugje gestoofde pruim en zelfs een hint van cola. De zijdeachtige geronde smaak heeft een karakter van goed geroosterde gerst met wat zoetheid. De afdronk is lang, rokerig en droog.

Serveren bij: verse oesters afgewisseld met plakjes pittige varkensworst
Land: Engeland
Alc.: 6,5%; serveertemp.: 10-13 °C

🏴󠁧󠁢󠁥󠁮󠁧󠁿 Cropton Blackout Porter

Deze robijnrode porter heeft een krachtig, romig vanillearoma, samen met een vage rokerigheid. De toevoeging van onvergistbare lactose (een natuurlijke melksuiker) geeft de smaak een verrassende zoetheid die gevolgd wordt door een droge, lichtzure, wijnachtige afdronk. Ongewoon, maar erg lekker.
Land: Engeland
Alc.: 5%; serveertemp.: 11-14 °C

Saku Porter

In de geur en smaak dringen zachte toetsen door van geroosterde mout (koffie, cacao en chocolade) die aanwezig blijven tot in de lange, rokerige aardse afdronk. Voldoende vol van smaak om lekker en verzadigend te zijn en voldoende complex en verfijnd om lekker weg te drinken. Een winterklassieker.
Land: Estland
Alc.: 7,5%; serveertemp.: 12-14 °C

Svyturys-Utenos Porteris

Dit rossig-oranjekleurige bier heeft een zoetgeurend aroma van banaan en toffee, en deze ingrediënten vinden we ook terug in de smaak. Dit bier heeft veel body, is tamelijk zoet en heeft een vage toets van gebrande karamel die wat droogte in de afdronk brengt. Ongewoon, maar aangenaam stevig.
Land: Litouwen
Alc.: 6,8%; serveertemp.: 7-10 °C

🏴󠁧󠁢󠁥󠁮󠁧󠁿 Naylor's Pinnacle Porter

De donkere bosvruchten in de neus van deze donkerbruine porter gaan prima samen met het aroma van geroosterd graan. Een golf van fruit in de smaak (meer donkere bosvruchten) leidt naar een tamelijk droge, wrange afdronk met een hint van sorbet. Ongewoon, maar lekker drinkbaar.
Land: Engeland
Alc.: 4,8%; serveertemp.: 10-13 °C

porter & stout

🏴󠁧󠁢󠁥󠁮󠁧󠁿 Burton Bridge Brewery Porter

Het complexe aroma van deze rossige porter heeft een karakter van oude houten vaten, appels, pruimen en sinaasappels waardoor ik me in een sherry-bodega waan. De lichte zoetheid in de ontwikkeling droogt tamelijk snel en laat een impressie van onrijpe pruimen en tabak achter. Een aantrekkelijk voorbeeld van deze stijl.

Serveren bij: koud vlees, wildpastei of een gemengde schotel van kaas en vleeswaren
Land: Engeland
Alc.: 4,5%; serveertemp.: 13 °C

🏴󠁧󠁢󠁥󠁮󠁧󠁿 Bateman Salem Porter

Dit roodbruine bier is bijna zo donker als stout. Het heeft een heerlijk aroma van chocolademout, rood fruit en wat rokerigheid. Na een aanvankelijke uitbundige uitbarsting van chocolade in de smaak volgt meer fruit. De afdronk is droog, geroosterd en lichtelijk wrang.
Land: Engeland
Alc.: 4,7%; serveertemp.: 13-16 °C

🇩🇰 Carlsberg Carnegie Stark Porter

Het aroma van geroosterd graan heeft toetsen van koffie, donker fruit (pruimen, rozijnen) en een cognacachtige, licht geparfumeerde toets. Zijdeachtig en soepel van smaak. In de afdronk chocoladelikeur en gestoofde vijgen. Veel body maar erg doordrinkbaar.
Land: Denemarken
Alc.: 5,5%; serveertemp.: 10-13 °C

🏴󠁧󠁢󠁥󠁮󠁧󠁿 Nethergate Old Growler

Brouwerij Nethergate is beroemd omdat ze traditionele recepten laat herleven. Dit recept dateert uit circa 1750. Het aroma heeft een licht branderig, hartig karakter samen met wat toetsen van verse en gedroogde pruimen. Een lichte smaak met een fruitig, ietwat medicinaal karakter in de afdronk.
Land: Engeland
Alc.: 5,5%; serveertemp.: 10-13 °C

🇺🇸 Deschutes Black Butte Porter

Donkerbruin, vrijwel ondoorzichtig bier met toetsen van rokerige koffie en chocolade in de neus. De smaak is heerlijk romig van textuur met wat donkere bosvruchten. De romigheid loopt door tot in de afdronk, waarin meer rijp donker fruit en een soepel karakter van melkchocolade.
Land: Verenigde Staten
Alc.: 5,2%; serveertemp.: 7-10 °C

Hartige vleespasteien passen perfect bij traditionele porter.

De Ballast Pointbrouwerij is genoemd naar de plaats in Point Loma, bij San Diego, waar de eerste Europese expeditie die Californië verkende voet aan wal zette.

🇺🇸 Ballast Point Black Marlin Porter

De voorliefde van de Amerikaanse brouwers voor een nadrukkelijk hoppig stempel is duidelijk herkenbaar in de neus van dit donkerbruine bier. Florale en citrusaroma's strijden om de voorrang naast drop, mokka en donkere bosvruchten. Een diepe, geroosterde bitterheid schijnt door in de middeldroge afdronk.

Serveren bij: Mexicaanse *mole*, lamsvlees met Marokkaanse specerijen, geroosterde spareribs, wild met chocoladesaus
Land: Verenigde Staten
Alc.: 5,9%; serveertemp.: 10-13 °C

🇺🇸 Anchor Brewing Porter

Deze porter is bijna ondoorzichtig. Als het lukt om er licht doorheen te laten vallen blijkt hij robijnrode accenten te hebben. Onder de enorme cappuccinoachtige schuimkraag zitten aroma's van mokka, marsepein, rook en specerijen. De romige zoete smaak verglijdt naar een heerlijk bittere chocoladeafdronk.
Land: Verenigde Staten
Alc.: 5,6%; serveertemp.: 10-13 °C

🇺🇸 Sierra Nevada Porter

Donkerbruine porter met een gerond aroma van geroosterd graan en hop, waarin een licht zuurtje zit. De smaak heeft wat fruitige zoetheid die overgaat in een ietwat zuur, wijnachtig karakter bij het doorslikken en een tamelijk lange afdronk met grassige hop en chocolademout in een aangename balans.
Land: Verenigde Staten
Alc.: 5,6%; serveertemp.: 10-13 °C

🇳🇴 Nøgne Ø Porter

Porterbier roept altijd weer vragen op over de authenticiteit, en dit bier, hoewel erg lekker, helpt de discussie niet vooruit. Pikzwart met een cappuccinoachtige schuimkraag en een aroma van espresso en rijpe donkere vruchten. De smaak is erg fluwelig. Een lange afdronk met pure chocolade en wat bosvruchten.
Land: Noorwegen
Alc.: 7%; serveertemp.: 10-13 °C

🇫🇮 Panimoravintola Huvila Porter

Deze porter is bijna zo zwart als stout en heeft een verrassende concentratie van gebrande koffie, die verzacht wordt door wat donkere bosvruchten. Dit bier is vol van smaak en heeft een lange droge afdronk. Na enkele jaren te hebben gerijpt kan het een aangenaam wrange complexiteit bereiken.
Land: Finland
Alc.: 5,5%; serveertemp.: 10-13 °C

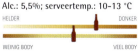

porter & stout

imperial porter

Goeie genade. Van de term 'imperial porter' kan een purist spontaan in woede ontsteken. Als we stellen dat stout de krachtiger versie is van een porterbier, dan is een imperial porter een stout. Het is maar goed dat het bier van De Molen zo buitengewoon lekker is dat het iedere ruziezoeker de mond snoert. Port Brewing ziet ervan af om voor Old Viscosity een stijl te definiëren. Ik durf te zeggen dat dit bier het meest thuishoort bij de porterbieren, al of niet 'imperial'. Het goed gehopte bier van Flying Dog is onconventioneel, maar des te leuker binnen deze meest omstreden stijl.

Gebakken banaan en vanilleroomijs passen prima bij imperial porter.

🇳🇱 De Molen Tsarina Esra Imperial Porter

Pikzwart en enigszins dik met een koppig aroma van espresso en overrijpe banaan en een licht vleesachtige toets. De smaak is intens maar niet overdonderend. De soepele afdronk heeft wat romige koffie. In de afdronk ontstaat een golf van bitterheid (hop en gebrande mout). Hardnekkig, doordringend maar vooral evenwichtig. Geweldig.

Serveren bij: vanilleroomijs en gebakken banaan, of zonder iets erbij
Land: Nederland
Alc.: 11%; serveertemp.: 10-13 °C

🇺🇸 Port Brewing Old Viscosity

Diep geroosterde (zelfs verbrande) mout, toetsen van gebrande krenten en een vaag harsachtig hoparoma (sinaasappel, specerijen). De gebrande toetsen komen terug in de smaak; na het doorslikken ontstaat een warm, gloeiend gevoel. Een lange middeldroge afdronk met koffie, chocolade en gedroogd fruit. Intens.
Land: Verenigde Staten
Alc.: 10%; serveertemp.: 13-16 °C

🇺🇸 Flying Dog Gonzo Imperial Porter

Lichte pittige aroma's van florale hop drijven op een somber, aards karakter van geroosterde mout. Ook de smaak is verdeeld: eerst zoet, dan een golf aromahop, gevolgd door een bittere toets van geroosterde mout die over het gehemelte zwiept als een naderende zonsverduistering.
Land: Verenigde Staten
Alc.: 8,7%; serveertemp.: 10-13 °C

🇳🇴 Haandbryggeriet Porter

Ik ben er niet voor om regeltjes strikt te volgen, maar het is misleidend om dit een porter te noemen; het heeft meer van een imperial stout. Pikzwart en stroperig met een taankleurige schuimkraag en een diep chocoladearoma. Een fluwelige textuur, soepel, rijk, geroosterd, aards, rokerig en zorgwekkend doordrinkbaar. Lekker.
Land: Noorwegen
Alc.: 6,5%; serveertemp.: 10-13 °C

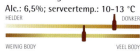

🏴󠁧󠁢󠁳󠁣󠁴󠁿 Highland Brewing Orkney Porter

Deze porter is donkermahonie van kleur met robijnrode accenten. Een heerlijk aroma van geroosterd graan en donkere bosvruchten. Na een lichte wrangheid (altijd een goed teken in een porter) domineren koffie en chocolade de smaak, met een hint van rook. Nootachtige chocolade in de afdronk.
Land: Schotland
Alc.: 9%; serveertemp.: 11-14 °C

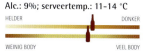

smoked porter

Deze categorie scheidt de echte bierfanaten van de gewone liefhebbers. Niet dat de hier genoemde bieren zo buitengewoon uitdagend zijn, maar om de een of andere reden gaat de toevoeging van wat gerookte mout sommigen net een stapje te ver. De drie bieren die hier worden besproken, zijn prachtig in balans. De twee ongerookte bieren zijn eveneens erg goed; ik wil hier speciaal de Saltairebrouwerij vermelden, die een van mijn aversies, gearomatiseerd bier, zo evenwichtig en drinkbaar maakt dat zelfs ik ervan kan genieten.

Oesters passen goed bij smoked porterbier.

🏴󠁧󠁢󠁥󠁮󠁧󠁿 Okells Smoked Porter

De gerookte mout is maar net merkbaar naast de hints van chocolade, vanille en koffie in het aroma van deze donkerbruine porter. In de smaak komt de rook iets meer naar voren, maar hij is prima in balans en maakt de droge, stroeve afdronk interessanter.

Serveren bij: verse oesters, gerookte makreel, zeevruchten
Land: Engeland
Alc.: 4,7%; serveertemp.: 10-13 °C

🇸🇪 Nils Oscar Rökporter

Het rokerige aroma van dit rossigbruine bier is onmiskenbaar maar er is een zachte, romige fruitigheid doorheen geweven. De rokerige smaak is goed vermengd met het donkere fruit en de bittere koffie; de rijke romige souplesse van de porter schemert erdoorheen. Uitstekend gebalanceerd.
Land: Zweden
Alc.: 6%; serveertemp.: 11-14 °C

🏴󠁧󠁢󠁥󠁮󠁧󠁿 Saltaire Hazelnut Coffee Porter

Deze vuurrode ale is een echte traktatie. In het aroma is een golf rode bosvruchten, noten, koffie en Goldinghop. De zijdeachtige textuur (haver) geeft een vervloeiende indruk van hazelnootkoffie, terwijl de middeldroge afdronk opdroogt tot een florale hoppigheid. Onverwacht lekker.
Land: Engeland
Alc.: 4,6%; serveertemp.: 12 °C

🏴󠁧󠁢󠁥󠁮󠁧󠁿 Kelham Island Brooklyn Smoked Porter

De eenmalige culturele uitwisseling door de samenwerking tussen de brouwerijen Brooklyn en Kelham leverde dit bier op, dat gelukkig een blijvertje bleek. Het aroma en de smaak zijn zacht rokerig en hebben toetsen van drop en mokka. De rokerigheid is aangenaam complex.
Land: Engeland
Alc.: 6,5%; serveertemp.: 11-14 °C

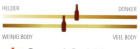

🏴󠁧󠁢󠁥󠁮󠁧󠁿 Samuel Smith's Taddy Porter

De neus van deze donkere porter heeft een heerlijk honingzoete nootachtigheid samen met wat rokerigheid van sterk geroosterd graan. Aanvankelijk lijkt het bier zoet met wat fruitigheid, maar het geroosterde graan geeft een bittere droogte aan de afdronk, hoewel wat fruitigheid aanwezig blijft.
Land: Engeland
Alc.: 5%; serveertemp.: 13 °C

porter & stout

imperial stout

Imperial Russian stout: dat is nog eens een naam die herinnert aan een periode in de geschiedenis. Dikke, zwarte stout die van Engeland naar de Russische steppes verscheept werd door Albert Le Coq, een legendarische Belgische koopman wiens naam synoniem is geworden met de meest complexe, wijnachtige en intense stout die er maar te koop is. Deze intensiteit is alleen vergelijkbaar met het in Bourbonvaten gerijpte bier dat Goose Island hier aanbiedt. Hoewel groter gewoonlijk beter is, zijn hier ook enkele ondergewaardeerde klassiekers opgenomen.

The Anchor Tavern in 34 Park Street, Londen. Deze pub was verbonden met Thrale's, waar de eerste imperial stout werd gebrouwen, en werd ooit druk bezocht door Londense schrijvers en acteurs.

🇺🇸 Goose Island Bourbon County Brand Stout

Dit is een sterk, maar ook verfijnd bier. Het krachtige aroma van koffie, chocolade en bourbon geeft het gevoel dat u snel gevloerd zult zijn, maar dat is niet zo. De smaken van koffie, noten, chocolade, vanille, rook, leer en pruimen verdringen zich maar blijven in harmonie. Heerlijk.

Serveren bij: chocoladetruffels, crème brûlée, of als *float shot* met roomijs
Land: Verenigde Staten
Alc.: 13%; serveertemp.: 12-14 °C

➕ Thornbridge St. Petersburg Imperial Russian Stout

Een sombere en ondoorzichtige stout met een ongewone fruitigheid. De golf fruit in de smaak suggereert wat interessante hoppigheid, met rode en zwarte bessen voordat de rijke, licht olieachtige toetsen van koffie en chocolade in de smaak naar voren komen.
Land: Engeland
Alc.: 7,7%; serveertemp.: 10-13 °C

🇸🇪 Nils Oscar Imperial Stout

Hoewel dit bier voor een imperial stout een lichte body heeft, is het zo zwart als de nacht. Koffie, geroosterde mout en, vreemd genoeg, gerookte amandelen in de neus. De smaak is licht en middeldroog en heeft een romige smaak en textuur. Voor deze stijl van een verrassende verfijndheid.
Land: Zweden
Alc.: 7%; serveertemp.: 10-13 °C

➕ Samuel Smith's Imperial Stout

Deze zwarter dan zwarte imperial stout heeft een fruitig, bijna wijnachtig aroma dat zijn verfijning tentoonspreidt boven op het robuuste wilde gedoe van de espresso, verbrande krenten en pure chocolade. Van de zijdeachtige aanzet tot de bitterzoete afdronk een bekende klassieker in deze stijl.
Land: Engeland
Alc.: 7%; serveertemp.: 16 °C

🇧🇪 Alvinne Podge Belgian Imperial Stout

Deze verrassend soepele imperial stout wordt gemaakt in opdracht van Chris Pollard van Podge's Belgian Beer Tours ('Driving People to Drink Since 1994'). De neus heeft veel fruit (peren, bananen en wat citrus), terwijl de smaak droog is. In de afdronk komen zure pruimen en pure chocolade naar boven.
Land: België
Alc.: 10,5%; serveertemp.: 10-13 °C

porter & stout

Harvey's Le Coq Imperial Extra Double Stout

Zo zwart als pek en nauwelijks vloeibaarder. Dit bier heeft een intens aroma van gedroogd fruit, rook, verbrande krenten, vijgen, pruimen, sherry en koekkruiden. Olieachtig. Geeft een hint van sherry, gevolgd door bittere espresso, soja en cognac. Vlezig, wijnachtig, verbrand en erg volwassen; een bitterzoet-hartige tegenstelling. Heerlijk.

Serveren bij: panna cotta met frambozencoulis, kwarktaart met rood fruit; ook op zichzelf lekker
Land: Engeland
Alc.: 9%; serveertemp.: 10-13 °C

Brooklyn Black Chocolate Stout

Deze pikzwarte fluwelige stout is een van de juweeltjes van brouwmeester Garrett Oliver. Lichtelijk stroperig bij het inschenken. Het krachtige aroma van pure chocolade en espresso is zelfs op flinke afstand onmiddellijk te ruiken. Aanvankelijk zoet maar in de afdronk een hardnekkige toets van pure chocolade. Goddelijk.
Land: Verenigde Staten
Alc.: 10,6%; serveertemp.: 13 °C

BrewDog Paradox Imperial Stout

Paradox is een verzameling imperial stouts die in verschillende whiskyvaten zijn gerijpt. Dat klinkt eenvoudig, maar de whisky heeft een grote invloed op de smaak en zorgt voor alles, van een turfachtige stroeve uitbarsting tot een geronde kruidige zoetheid. Een bier voor iedereen, behalve voor bangeriken.
Land: Schotland
Alc.: 10%; serveertemp.: 11-14 °C

Stone Imperial Russian Stout

Zwarter dan de ziel van de duivel, met bijpassende verbrande aroma's: espresso, kokende teer, houtskool, een beetje turfrook en wat alcohol. Olieachtig van smaak met meer espresso, Islay whisky, gedroogd (en verbrand) fruit en wat portkarakter. Intens, bitterzoet en buitengewoon hardnekkig.
Land: Verenigde Staten
Alc.: 10,8%; serveertemp.: 10-13 °C

Great Divide Yeti Imperial Stout

Zoals het uit de fles gulpt, lijkt het beangstigend veel op donkere materie, deze nachtzwarte stout. Een krachtig aroma van romige cappuccino, vanille en dennennaalden. Laat u niet afschrikken, want de overvloed van pure chocolade, fruit en koekkruiden is het waard om u aan over te geven.
Land: Verenigde Staten
Alc.: 9,5%; serveertemp.: 10-13 °C

Chocolademout geeft een volle nootachtige smaak aan stouts en porters.

De combinatie van bier en kaviaar lijkt vreemd, maar kan heerlijk zijn als u het juiste verfijnde bier kiest.

🏴󠁧󠁢󠁳󠁣󠁴󠁿 BrewDog Rip Tide Stout

Op het etiket staat: 'Schenk dit bier in een glas en geniet het met aristocratische nonchalance.' Ze hebben gelijk: door een stropdas te dragen krijgt dit bier een zwierig accent. Espresso, vruchtentaart en cognac regisseren een flinke oproer, terwijl de smaak van mokka en gedroogd fruit naar een lichtzure afdronk leidt.

Serveren bij: doe als de tsaren: kaviaar, gerookte zalm en zure room
Land: Schotland
Alc.: 8%; serveertemp.: 10-13 °C

🇱🇰 Lion Lion Stout

Dit bier beweert niet een imperial stout te zijn (in tegenstelling tot een gewone stout), maar de intensiteit valt binnen de imperialklasse. Sterk geroosterde mokka-aroma's en wat toffee in de neus; zoete koffie, vanille en wat gedroogde pruimen in de smaak. Een lange bitterzoete afdronk met mokka. Lekker.
Land: Sri Lanka
Alc.: 8%; serveertemp.: 13 °C

🇳🇴 Nøgne Ø Imperial Stout

Een ondoorzichtige, inktzwarte imperial stout met een krachtig aroma van espresso, pure chocolade, sterk geroosterd graan en een licht koppige stoot alcohol. De smaak is olieachtig, aanvankelijk zoet met wat toetsen van gedroogd fruit en vanille, maar bitter in de afdronk met wat harsachtige hop.
Land: Noorwegen
Alc.: 9%; serveertemp.: 9-11 °C

🇧🇪 De Dolle Brouwers Extra Stout

Zwart met een taankleurige schuimkraag en een krachtig aroma van gedroogde en verbrande krenten op een vruchtentaart. De smaak is krachtig, zoet, maar net in balans. Een lange fruitige en verbrand bittere afdronk. Na rijping krijgt dit bier een heerlijke koppige, bijna wijnachtige complexiteit.
Land: België
Alc.: 9%; serveertemp.: 9-11 °C

🇧🇪 Ellezelloise Hercule Stout

Sommige uitzonderingen bevestigen de regel dat stout niet uitsluitend iets voor Belgen is. De ontdekking van dit teerachtige, pikzwarte monster was een openbaring voor mij. Tamelijk dik met een taankleurige schuimkraag. Deze stevige stout heeft een volle bittere rijkdom die bijna 'imperial' is.
Land: België
Alc.: 9%; serveertemp.: 10-13 °C

porter & stout

stout

Stout is een stijl die iedereen lijkt te herkennen, maar dat zorgt er kennelijk niet voor dat meer mensen hem drinken. Misschien is er iets verbodens aan een glas zwart bier (met een eventuele schuimkraag), maar anders dan de imperial stouts uit de vorige sectie is hier niets om bang voor te zijn; deze bieren zijn meestal niet moeilijker te drinken dan een kop zwarte koffie en hebben een vergelijkbare smaak. Belangrijker is dat ze een geweldige hoeveelheid smaak en smaakdiepte hebben in combinatie met een bescheiden hoeveelheid alcohol.

Paddenstoelenrisotto met vers eekhoorntjesbrood. Romig voedsel past verrassend goed bij stout.

🇦🇺 Cooper's Best Extra Stout

Hoewel deze stout altijd goed was, is hij de laatste tijd nog sterk verbeterd. Een aantrekkelijke lichtelijk wilde toets in de neus. Dit bier heeft een middelmatige body en een goede, stevige bitterheid van geroosterde gerst; de afdronk is nootachtig. De complexiteit van dit bier wordt vergroot doordat het op gist gebotteld is.

Serveren bij: verse oesters, risotto met bospaddenstoelen, koffietaart
Land: Australië
Alc.: 6,3%; serveertemp.: 10-13 °C

🇮🇪 Guinness Special Export

Dit inktzwarte bier heeft geen sterk aroma; wat geroosterd graan, misschien wat plantaardige bitterheid van hop. De onverwachte krachtige smaakgolf is daarom des te verrassender; met espresso, pure chocolade, drop en rijpe donkere bosvruchten in het kielzog.
Land: Ierland
Alc.: 8%; serveertemp.: 10-13 °C

🇺🇸 Sierra Nevada Stout

Sterk geroosterd graan met een accentje van kaf overheerst in het aroma. De smaak heeft veel body en een romige rijkdom; in de ontwikkeling is een kenmerkende zoetheid. In de afdronk ontwikkelt zich een zachte toets van espresso samen met wat drogende hoppigheid.
Land: Verenigde Staten
Alc.: 5,8%; serveertemp.: 7-10 °C

🏴󠁧󠁢󠁥󠁮󠁧󠁿 Hambleton Nightmare Stout

'De geroosterde mout springt op uit dit brouwsel van vier moutsoorten,' vermeldt het etiket – en dat is absoluut waar. De duidelijke smaken van geroosterd graan harmoniëren prima. Een zoetige koffietoets gaat vooraf aan een relatief lichte, droge en bittere afdronk.
Land: Engeland
Alc.: 5%; serveertemp.: 10-13 °C

🏴󠁧󠁢󠁥󠁮󠁧󠁿 Ridgeway Foreign Export Stout

'Overtuigend ongewoon' zegt het rugetiket van deze gitzwarte stout cryptisch. Het pittige aroma heeft toetsen van koffie, karamel en custard en geeft al een aanduiding voor de sterkte. In de smaak overheersen koffie, drop en gedroogd fruit. In de hoppige afdronk slaat verwarmende alcohol toe.
Land: Engeland
Alc.: 8%; serveertemp.: 10-13 °C

🏴󠁧󠁢󠁥󠁮󠁧󠁿 Hook Norton Double Stout

Het is moeilijk uit te leggen waarom deze stout zo lekker is. De omschrijving wordt een opsomming van klassieke stoutaroma's (gedroogd fruit, koffie, chocolade) en smaken (cacao, donkere karamel, licht rokerig) en toch doet dat dit bier geen recht. Het geheel is veel beter dan de som der delen.

Serveren bij: geroosterde steak, rundvleespastei
Land: Engeland
Alc.: 4,8%; serveertemp.: 10-13 °C

🏴󠁧󠁢󠁥󠁮󠁧󠁿 Hop Back Entire Stout

Deze stout heeft een middelmatige body en een aangename evenwichtige drinkbaarheid. Het aroma heeft een aantrekkelijke melkchocoladekwaliteit met wat fruitigheid van lichtrood fruit. De heerlijk zijdeachtige textuur heeft een licht bittere koffie-met-roomsmaak. De koffie en de rode vruchten keren terug in de afdronk.
Land: Engeland
Alc.: 4,5%; serveertemp.: 10-13 °C

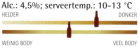

🇺🇸 Deschutes Obsidian Stout

Obsidiaan is zwart vulkanisch glas en u ziet de gelijkenis wanneer u deze glanzende maar ondoordringbare zwarte stout uitschenkt. De romigheid is karakteristiek voor de donkere bieren van Deschutes (gevolg van het *krausen*?) met veel donker fruit en krachtige koffiesmaken.
Land: Verenigde Staten
Alc.: 6,4%; serveertemp.: 10-13 °C

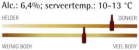

🏴󠁧󠁢󠁥󠁮󠁧󠁿 Burton Bridge Brewery Bramble Stout

In deze stout met middelmatige body gebeurt veel fruitigs. Boven op de sherryachtige complexiteit van de huisstijl geeft de toevoeging van bramen een subtiele aardse zoetheid in de smaak. De afdronk is droog, licht wijnachtig en met een bijna hartige wrangheid.
Land: Engeland
Alc.: 5%; serveertemp.: 10-13 °C

🏴󠁧󠁢󠁥󠁮󠁧󠁿 St Peter's Cream Stout

St Peter's heeft een prima vooraanstaand biermerk gecreëerd, zonder hun bieren ook maar enigszins te laten vervlakken. Dit bier heeft een verrukkelijk aroma van geroosterd graan, gedroogd fruit en een romige toets. Vol en lichtzoet van smaak met een geroosterde, romige en aangenaam bittere afdronk.
Land: Engeland
Alc.: 6,5%; serveertemp.: 10-13 °C

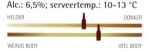

Rundvlees wordt traditioneel als pasteivulling gebruikt en past goed bij een romige Ierse stout. Soms wordt de stout, zoals hier, ook in de vulling gebruikt.

gearomatiseerde stout

De stoutbieren in deze sectie onderscheiden zich doordat aan het brouwsel een ongebruikelijk ingrediënt is toegevoegd. Daaraan is niets griezeligs; het is alleen een smaakcomponent die het karakter van de stout versterkt. Verrassend genoeg zijn koffie en chocolade populaire toevoegingen. Helaas heb ik een ongewoon klinkende pepermuntstout niet kunnen achterhalen. Ik vermoed dat ik het niet volkomen onbevangen had kunnen proeven. Gearomatiseerde bieren zijn gewoonlijk niet echt iets voor mij, maar dat geldt niet voor deze stouts.

Als toevoeging aan stoutbier geven koffiebonen een licht bittere, geroosterde toets.

🏴󠁧󠁢󠁥󠁮󠁧󠁿 O'Hanlons Port Stout

Deze stout heeft een middelmatige body en in de neus is, naast de gebruikelijkere aroma's van koffie en cacao, een levendige fruitigheid van aalbessen; dat is ongetwijfeld het gevolg van een verrijking met rode portwijn. De smaak en afdronk hebben een aalbessenkarakter, waardoor deze toch al goede stout iets extra's krijgt.

Serveren bij: geroosterd, met ansjovis en knoflook gevuld lamsvlees met aalbessensaus
Land: Engeland
Alc.: 4,8%; serveertemp.: 10-13 °C

🏴󠁧󠁢󠁥󠁮󠁧󠁿 Ossett Treacle Stout

Melasse geeft deze mahoniekleurige stout een aroma van hoestbonbons. De smaak is tamelijk droog met een bepaalde rokerigheid die een impressie van gebrande toffee geeft. Een fraai geronde koffie- en cola-afdronk met wat hardnekkige geparfumeerde hoptoetsen.
Land: Engeland
Alc.: 5%; serveertemp.: 11-14 °C

🇩🇰 Mikkeller Beer Geek Breakfast Pooh Coffee Cask Festival Edition

Deze rijke, intense stout heeft een assertieve hopaanwezigheid. Hij werd speciaal voor het European Beer Festival 2008 in Kopenhagen gebrouwen met *kopi luwak*-koffiebonen. Mikkeller Beer Geek Breakfast 'Weasel' is een makkelijker verkrijgbare versie.
Land: Denemarken
Alc.: 7%; serveertemp.: 10-13 °C

🏴󠁧󠁢󠁥󠁮󠁧󠁿 Dark Star Espresso Stout

Pikzwart, maar met een betrekkelijk lichte body. Deze stout heeft een rokerig en enigszins verbrand aroma dat doet denken aan verse, sterk geroosterde koffiebonen. De smaak is tamelijk licht maar bevat toch veel pure chocolade en espresso (aan de brouwketel worden espressobonen toegevoegd). Droge afdronk.
Land: Engeland
Alc.: 4,2%; serveertemp.: 10-13 °C

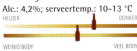

🏴󠁧󠁢󠁥󠁮󠁧󠁿 Wells & Youngs Young's Double Chocolate Stout

Zeer toegankelijk. Donkerbruin met robijnrode accenten en een taankleurige schuimkraag. De stout heeft ge-brande koffie en melkchocolade in het aroma. De smaak is droger dan verwacht en heeft een uitgebalanceerde afdronk met een accent van chocolade.
Land: Engeland
Alc.: 5,2%; serveertemp.: 13 °C

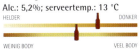

haverstout

Niet-ingewijden gruwen van haverstout (Engels: *oatmeal*), beschrijven die als 'een glas klonterige zwarte vloeistof'. De hoeveelheid haver in het brouwsel is echter tamelijk gering, en hoewel hij ook de smaak enigszins beïnvloedt, geeft hij een romig accent. Haverstout heeft een heerlijk zijdeachtig karakter, dat vooral naar voren komt bij de eerste slok, maar steeds merkbaar blijft. In Dragon Stout zit geen haver, het is een overblijfsel van een ongewone (en zeldzame) zoete stoutsoort. Natuurlijk kun je niet over stout praten zonder de klassieke getapte Guinness te behandelen.

Bij een demonstratie over traditionele kuiperijtechnieken in de Guinnessbrouwerij toont men hoe de houten Guinnessvaten werden gemaakt.

🏴󠁧󠁢󠁥󠁮󠁧󠁿 Samuel Smith's Oatmeal Stout

Dit bier heeft het allemaal, van de kenmerkende moutachtige nootachtigheid (of is het een nootachtige moutachtigheid?) tot de lang blijvende bitterzoete afdronk. Ondertussen genieten we van een heerlijk zijdeachtige textuur (van de haver), een kern van koffielikeur en een zich opbouwende geroosterde bitterheid van gerst die naar een gebalanceerde afdronk leidt.

Serveren bij: bruinbrood met lekkere roomboter en Franse en Engelse kazen
Land: Engeland
Alc.: 5%; serveertemp.: 13 °C

🏴󠁧󠁢󠁳󠁣󠁴󠁿 Bridge Of Allan Glencoe Wild Oat Stout

Dit middelmatig sterke bier heeft een verrassende complexiteit. In de neus wat fruitigheid van donkere bessen, samen met koffie en wat rook. De smaak is wat dun, maar de smaakexplosie bij het doorslikken compenseert dat; donker fruit, koffie en turfrook. Heerlijk.
Land: Schotland
Alc.: 4,5%; serveertemp.: 14-17 °C

🇮🇪 Guinness Draught

De romige witte stikstofschuimkraag boven op het nachtzwarte bier ziet er verboden uit, maar trek u daar niets van aan. De textuur is zijdeachtig en verrassend soepel. De smaak is van geroosterde gerst (denk aan slappe koffie) en intens noch bitter. Een wereldwijd bekend bier, overal verkrijgbaar tegen een redelijke prijs.
Land: Ierland
Alc.: 4,1%; serveertemp.: 7-10 °C

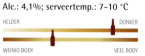

🏴󠁧󠁢󠁥󠁮󠁧󠁿 Wensleydale Black Dub

Er valt veel te zeggen over deze heerlijke stout. De romige haver is duidelijk in het aroma aanwezig, naast een rokerige, geroosterde toets en een vaag wijnachtig karakter. Hij glijdt over de tong als satijn en laat smaken achter van donkere bosvruchten, chocolade en bitterzoete koffie.
Land: Engeland
Alc.: 4,4%; serveertemp.: 11-14 °C

🇯🇲 Desnoes & Geddes Dragon Stout

Ooit was zoete stout een gebruikelijke stijl, maar tegenwoordig is die moeilijk te vinden. Dit is een donker rossigbruin bier met een aroma van geroosterde en geschroeide mout en wat fruitigheid (kersen?). De smaak is zoet en zijdeachtig (lactose?) met een klein bittertje. De afdronk is licht wrang.
Land: Jamaica
Alc.: 7,5%; serveertemp.: 10-13 °C

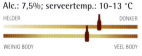

porter & stout

curiositeiten & specialiteiten

Er is geen ontkomen aan: dit hoofdstuk is volgestouwd met bieren die slecht in een hokje kunnen worden geplaatst. De brouwerswereld is bevolkt met echte mensen, en zoals overal zijn ook hier buitenbeentjes; mensen die iets ongewoons creëren. We beginnen met enkele Duitse specialiteiten, die eruitzien als lagerbier en een vergelijkbare periode van koude rijping doormaken, maar met bovengistende gist zijn gebrouwen. Hierdoor ontstaat een lichte fruitigheid die gewone pilsener ontbeert, maar die zowel kölsch als altbier tot iets speciaals maakt.

De daaropvolgende vatbieren voeren terug op voorbije tijden, toen alle bier uit houten vaten werd getapt. Hoewel oudere, goed onderhouden vaten het bier geen speciaal karakter geven (veel vaten werden om die reden geteerd), rijpen deze vatbieren in oude whiskyvaten die extra smaakdiepte, kracht en een lichte wilde complexiteit geven.

De kerstbieren in dit hoofdstuk zijn vrijwel allemaal Belgisch. Hoewel de meeste brouwerijen een seizoensbier brouwen (zoek maar eens uit wat uw plaatselijke brouwerij tijdens de koude maanden maakt; het is vast iets waar ze trots op zijn) maken de Belgen er echt iets speciaals van; bieren die bij uitstek passen bij de tijd van het jaar. Het zijn sterke bieren en als u ze zonder meer drinkt, komt u geheid in de problemen. Geef er een schaal seizoensgebonden lekkernijen bij, dan smaken ze nog beter en richten minder schade aan.

Rookbieren moet je leren drinken. Brouwerij Heller-Trum stelt dat je er minstens tien glazen van moet drinken om het te leren waarderen – hopelijk niet allemaal direct na elkaar. Technisch gezien behoren deze bieren tot de lagers, maar geef je dit bier aan iemand die alleen lagerbieren (pils of een commerciële versie) gewend is, dan zal diegene beslist een verbijsterd gezicht trekken. Voor echte rookbieren geldt: je houdt ervan of je haat ze. Ik heb er lang mee geworsteld, maar uiteindelijk bereikte ik het 'Eureka!'-stadium tijdens het drinken van Rauchbier Urbock uit het vat op een bierfestival. Het was belist de moeite waard en ik denk dat het me al met al minder dan tien glazen heeft gekost.

Het zal u mogelijk niet verbazen dat de zeldzaamste en sterkste bieren achter in dit boek staan. Dit zijn bieren voor waaghalzen en ze staan hier omdat ze beschouwd kunnen worden als het einddoel van uw bierreis. Hoe ver u ook komt op deze reis... ik hoop dat u ervan heeft genoten.

regionale duitse specialiteiten

De Duitse brouwwereld is sterk in regio's verdeeld, er zijn maar weinig nationale bieren. Uiteraard zijn dit niet de enige regionale specialiteiten uit Duitsland (de rookbieren uit Zuid-Duitsland vindt u bijvoorbeeld op blz. 269), maar ze zijn betrekkelijk makkelijk te vinden en nauw verbonden met de streek. Kölsch wordt rondom Keulen gebrouwen en is een verfijnd, fruitig, goudkleurig lagerbier. De andere kant van de medaille onthult het robuuste bruine altbier van Düsseldorf en omgeving; eveneens een soepel lagerbier maar met meer karakter van donkere mout en bittere hop.

Buiten bier drinken in de Beierse bergen.

🇩🇪 Sünner Kölsch

Proberen de verfijnde aroma's en smaken van een kölsch te omschrijven is alsof ik probeer om mist te vangen; ik graai met mijn handen in de lucht, maar bereik niks. Sünner heeft een zacht geparfumeerd karakter in het aroma, een zacht moutachtige fruitigheid in de smaak en een klein bittertje in de afdronk.

Serveren bij: sandwiches met geroosterd varkensvlees (Duits: *Schweinbröt*) en appelmoes, of verfijnde visgerechten
Land: Duitsland
Alc.: 4,8%; serveertemp.: 9 °C

🇩🇪 Dom Kölsch

In de zeer fijn verdeelde wereld van de kölsch heeft Dom iets wat hem afwijkend maakt van de rest. Het is geen enorme afwijking, maar Doms Kölsch heeft een fris, ietwat mals karakter dat hem wat levendiger maakt.
Land: Duitsland
Alc.: 4,8%; serveertemp.: 9 °C

🇩🇪 Gaffel Kölsch

Deze goudkleurige kölsch heeft beslist een grassig hoparoma en een toets van lichtgekleurde mout. De smaak is licht, sproeiend en helder als glas, met een toets van crackers. In de nasmaak vinden we wat hopbitterheid. Een van de wat assertievere bieren.
Land: Duitsland
Alc.: 4,8%; serveertemp.: 9 °C

🇩🇪 Küppers Kölsch

Het lijkt haast makkelijker om de smaak van bepaald flessenwater te omschrijven dan dit verfijnde bier. Het heeft een vaag aroma van dennennaalden (of is het citrus, of allebei?) dat waarschijnlijk afkomstig is van de hop. Het komt vaag terug in de ongelooflijk heldere, droge en vaag florale afdronk.
Land: Duitsland
Alc.: 4,8%; serveertemp.: 9 °C

🇩🇪 PJ Früh Kölsch

Het is moeilijk uit te leggen waarom zo'n verfijnd bier zo geweldig lekker is. Een uiterst delicaat moutaroma komt van deze frisse, lichtgekleurde kölsch die een hint van vanille en citroen heeft. In de zachte geronde smaak is een lichte bitterheid die een zachte, citroenachtige droogte achterlaat.
Land: Duitsland
Alc.: 4,8%; serveertemp.: 9 °C

curiositeiten & specialiteiten

🇩🇪 Frankenheim Alt

Iets in de kleur van dit bier (donkerbruin met koperkleurige accenten) geeft een idee van de intensiteit van de smaak. Het krachtige haverachtige moutaroma is vaag hartig en heeft een suggestie van rook en specerijen (gemberbrood). De robuuste hoppige smaak eindigt droog, bitter en licht kruidig.

Serveren bij: traditionele Duitse *Sauerbraten*
Land: Duitsland
Alc.: 4,8%; serveertemp.: 9 °C

🇩🇪 Malzmühle Kölsch

De clou zit 'm in de naam, die in het Nederlands 'moutmolen' betekent. Deze kölsch heeft dus een uitgesproken karakter van lichtgekleurde mout, wat een bijna romige mondvullende textuur geeft en – hoewel ik een bier nooit als maaltijdvervanger zou aanraden – een bijna voedend karakter.
Land: Duitsland
Alc.: 4,8%; serveertemp.: 9 °C

🇩🇪 Bolten Alt

Deze middelbruine ale heeft een ietwat sober karakter, maar is zeker niet smaakloos. In de neus en in de smaak zitten veel nootachtige mout en pittige hop. Dit bier heeft veel body en is weinig zoet. De afdronk is nog droger.
Land: Duitsland
Alc.: 4,9%; serveertemp.: 9-11 °C

🇩🇪 Bolten Ur-Alt

Als u het flesje voor het inschenken op zijn kop houdt, is dit ongefilterde altbier zo wolkig dat het wel een donker tarwebier lijkt. Het aroma heeft desondanks een sober, hoppig en kruidig accent (met wat gisttoetsen) en de smaak, die een zijdeachtige textuur heeft, is aangenaam droog, nootachtig en bitter.
Land: Duitsland
Alc.: 4,8%; serveertemp.: 9 °C

🇩🇪 Schlosser Alt

De warmere hoogvergisting levert een lichte toffeeachtige toets die onmiddellijk naar voren komt in de neus van dit altbier. De ietwat zoete smaak heeft een kruidige toets (gemberbrood). De afdronk heeft een droog, nootachtig karakter met een licht bittertje.
Land: Duitsland
Alc.: 4,8%; serveertemp.: 9 °C

Hopaanplant in Franken, Zuid-Duitsland.

op vat gerijpt bier

Zoals veel bierdrinkers houd ik erg van whisky. Whisky's worden van dezelfde ingrediënten gemaakt (behalve de hop dan) en op dezelfde manier gebrouwen, hoewel whisky natuurlijk ook nog gedistilleerd wordt. De magie in een distilleerderij vindt plaats in het vat. Oude sherry- of maderavaten geven een buitengewoon rijke smaak. Dat geldt ook voor bier; een tijdje in een oud whiskyvat geeft het een soepel, rijk karakter en vaak ook een wild accent. Rijpen op het vat kan van een slecht bier geen goed bier maken, maar van een goed bier wel een geweldig bier.

Opgeslagen houten vaten in Andechs – een Beiers klooster waar sinds 1455 bier wordt gebrouwen.

🏴󠁧󠁢󠁳󠁣󠁴󠁿 Harviestoun Ola Dubh 30yr Old

Ik heb altijd het gevoel dat een bier na rijping op het vat zou moeten herrijzen met een weelderige luxueuze smaak. Dit eerbiedwaardige bier heeft een gelaagde smaak: rook, geblakerd vlees, schuimkoppen en teer en dat alles afgemaakt met een soepele zoete vanilletoets van oude eiken vaten.

Serveren bij: sterke blauwe of gerookte kaas, gerookte vis, vers zeebanket
Land: Schotland
Alc.: 8%; serveertemp.: 10-13 °C

🏴󠁧󠁢󠁳󠁣󠁴󠁿 Orkney Dark Island Reserve

Dit bier rijpt in whiskyvaten, waardoor het een heerlijk luisterrijk karakter heeft. Er zijn donker fruit (zowel gestoofd als gedroogd), koekkruiden, eik en een bijna hartige ondergrondtoets. Het wordt in kleine hoeveelheden geproduceerd die gewoonlijk snel uitverkocht zijn. De moeite waard om te pakken te krijgen.
Land: Schotland
Alc.: 10%; serveertemp.: 10-13 °C

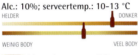

🏴󠁧󠁢󠁳󠁣󠁴󠁿 Harviestoun Ola Dubh 12yr Old

'Dit bier rijpt in speciale eikenhouten vaten die gebruikt zijn voor Highland Park's uitstekend gebalanceerde 12-Year-Old Single Malt Scotch Whisky,' vermeldt het etiket. Old Engine Oil wordt omgezet in een complexere vorm – aards en lichtelijk vlezig, met een vleugje zeewater.
Land: Schotland
Alc.: 8%; serveertemp.: 10-13 °C

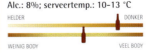

🏴󠁧󠁢󠁳󠁣󠁴󠁿 Bridge Of Allan Tullibardine 1488 Whisky Ale

Gerijpt in vaten van de Tullibardine Distillery. Dit koperoranje bier heeft een rijk, romig karakter afkomstig van de whiskyvaten met veel hop en mout. Butterscotch, vanille, kokosnoot, geroosterd brood en een lange fruitige afdronk met sinaasappel.
Land: Schotland
Alc.: 7%; serveertemp.: 10-13 °C

➕ Fuller's Brewer's Reserve No. 1

Door vijfhonderd dagen te rijpen in dertig jaar oude whiskyvaten krijgt dit bier een opmerkelijk aroma van vatflora. Hierdoor krijgt het gebrand bronzen bier een aangename complexiteit met een duidelijk hopkarakter (bittere sinaasappel), kokosnoot, vanille en een aangenaam bittere, bijna wrange afdronk.
Land: Engeland
Alc.: 7,7%; serveertemp.: 10-13 °C

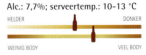

curiositeiten & specialiteiten

kerstbier

Hoewel de kerstperiode niet de koudste periode van het jaar is, is het tijd voor een beetje luxe. Brouwers brouwen van oudsher 'winterwarmertjes': donkerder, zwaardere bieren die zowel lichaam en ziel voeden en de kracht geven om de lange nachten van midwinter door te komen. Deze bieren zijn overwegend Belgisch; wat mij betreft kan niemand deze zoete sterke bieren met veel body maken zoals de Belgen dat doen. Ze hebben vaak een wat zoet etiket met sneeuw en kerstmutsen, maar als je een sterk kerstbier gaat brouwen, is er geen plaats voor subtiliteiten.

Kerst in Brussel – een stad die de feestdagenbrouwerij heel serieus neemt.

🏴󠁧󠁢󠁥󠁮󠁧󠁿 Shepherd Neame Christmas Ale

In tegenstelling tot andere brouwers heeft Shepherd de moed om alles een beetje op te pompen in zijn rossige kerstbier. De uiterst passende, van de mout afkomstige zoetheid gaat samen met wat lekker rood fruit en pruimen. Het hogere alcoholpercentage geeft een licht warmende gloed en wat hopdroogte verschijnt later.

Serveren bij: een punt vruchtentaart met een stuk middelsterke harde kaas
Land: Engeland
Alc.: 7%; serveertemp.: 10-13 °C

🇧🇪 John Martin Gordon Xmas

Mahoniekleurig met robijnrode accenten. Deze winterwarmer heeft een krachtig fruitaroma: overrijpe bananen, dadels, vijgen en bruine suiker. De aanvankelijke plakkerigheid droogt enigszins tot een middellange afdronk met een vracht bananen, gedroogd fruit en een toets gebrande suiker. Lekker bij koud weer.
Land: België
Alc.: 8,8%; serveertemp.: 9-12 °C

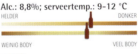

🇧🇪 Du Bocq Corsendonk Christmas

Een licht wolkig bruin bier. Het aroma bevat een overvloed aan chocolademout en vruchtentaart. De chocoladetoets zit ook in de smaak. In de afdronk zit een hint van in likeur gedrenkte kersen of *Rumtopf*. Daarnaast heeft de afdronk een aangename alcoholische warmte. Een heerlijke winterwarmer.
Land: België
Alc.: 8,5%; serveertemp.: 9-12 °C

🇧🇪 De Dolle Brouwers Stille Nacht

Voor een winterbier is de koperkleur tamelijk licht, maar wat had u dan verwacht van een brouwerij die zich 'De Dolle Brouwers' noemt? Onder een hardnekkige schuimkraag zitten aroma's van koekkruiden, *cream sherry* en gedroogde abrikozen. De levendige smaak begint fruitig voor hij opdroogt tot een peperige afdronk.
Land: België
Alc.: 12%; serveertemp.: 9-12 °C

🇧🇪 Huyghe Delirium Noel

Dit kerstbier is sterker en donkerder dan de 'Tremens' van deze brouwer, maar desondanks ook verfijnder. Een robijnrood bier met een kruidigheid van koekkruiden en rijke toetsen van pruimen en in zoete likeur gedrenkte kersen in het hart.
Land: België
Alc.: 10%; serveertemp.: 9-12 °C

curiositeiten & specialiteiten

rookbieren

Rauchbier is een unieke stijl die teruggaat op een vroeger tijdperk van mouten en brouwen. De rookbieren van Heller-Trum zijn legendarisch, maar de brouwerij heeft er niet het alleenrecht op. Overal ter wereld worden ze gebrouwen door het koppige olieachtige karakter van gerookte mout te gebruiken, om bieren met verschillende graden van rokerigheid te produceren. Door gerookte mout terughoudend te gebruiken, zoals in het bier van Meantime, wordt een extra laag van geur en smaak toegevoegd, die als licht hartig wordt ervaren.

Gepekelde en gedroogde (of gerookte) vleeswaren, zoals gerookt rundvlees, passen prima bij rookbier.

🇩🇪 Heller-Trum Schlenkerla Rauchbier Urbock

Schlenkerla Märzen heeft een droge soberheid, maar deze ietwat donkerder Urbock is een veel grofstoffelijker bier. De rook geeft het bier een heerlijk hartig karakter. In de ontwikkeling schijnt de zoete mout door en zorgt voor een onweerstaanbare doordrinkbaarheid. De afdronk is zoet en rokerig. Een bijzonder bier.

Serveren bij: zoals verwacht, gepekeld en gerookt vlees, of gegrilde koteletten
Land: Duitsland
Alc.: 6,5%; serveertemp.: 9-11 °C

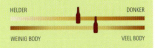

🇩🇪 Heller-Trum Schlenkerla Rauchbier Märzen

De op beukenhout gerookte mout geeft de bieren van Heller-Trum een krachtige doordringende rokerigheid die sommigen aantrekkelijk vinden. Dit is een kopergoudkleurig lagerbier met een middelmatige body. Steeds aanwezig is de heerlijke droge rokerigheid.
Land: Duitsland
Alc.: 5,1%; serveertemp.: 9-11 °C

🇺🇸 Alaskan Smoked Porter

Dit geweldige seizoensbier wordt steeds moeilijker verkrijgbaar. Jammer, want de droge stroeve rokerigheid die zich afzet tegen de zachtzoete mout is heerlijk. Geroosterd graan, koffie, chocolade, cola, turfrook, vaag harsige hop en een vreemd, maar aangenaam licht vlezig accent.
Land: Verenigde Staten
Alc.: 6,5%; serveertemp.: 10-13 °C

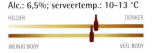

🇩🇪 Spezial Rauchbier Märzen

De onoplettende of beschonkene mist makkelijk de lichte rokerigheid in de neus van dit mistige koperkleurige bier, doordat deze gelaagd is met een graanachtigheid en een licht honingachtig karakter. De smaak is zacht, rokerig en licht honingachtig. In dit verfijnde en elegante bier is de rook steeds aanwezig, maar overheerst nooit.
Land: Duitsland
Alc.: 4,6%; serveertemp.: 9-11 °C

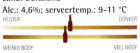

✚ Meantime Wintertime Winter Welcome

Hoewel op het etiket wordt gesuggereerd dit bier te drinken na een uitstapje op een koude dag, hoeft dat niet per se. Vruchten, rook en wat cola in de neus. Dit bier heeft een middelmatige body met koffie en chocoladesmaken en een fruitig-rokerige afdronk.
Land: Engeland
Alc.: 5,4%; serveertemp.: 10-13 °C

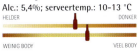

curiositeiten & specialiteiten

gekruid bier

De eerste drie bieren op de rechterbladzijde hebben een uitgesproken kruidig karakter, niet door slimme hoptoevoegingen, maar door eenvoudigweg kruiden aan het brouwsel toe te voegen. Het is een in onbruik geraakte oude methode. Hoewel we 's winters nog steeds bisschopswijn maken door kruiden en specerijen aan wijn toe te voegen, denkt niemand eraan om hetzelfde met bier te doen.

Jeneverbessen zijn ongewoon als smaakmaker, maar geven bier een Scandinavisch tintje.

🇳🇴 Haandbryggeriet Norwegian Wood

Soms lees je een omschrijving van een bier en kun je je niet voorstellen dat een dergelijke combinatie lekker is. Gerookte mout en jeneverbessen zijn een ongewoon stel, maar leveren een fantastische combinatie. Koperbruin bier met veel body; lichtelijk samentrekkend in de ontwikkeling en droog, peperig en verwarmend in de afdronk.

Serveren bij: iets Scandinavisch, gerookt wild, ingelegde haring of gravad lax
Land: Noorwegen
Alc.: 6%; serveertemp.: 10-12 °C

🏴󠁧󠁢󠁥󠁮󠁧󠁿 Daleside Morocco Ale

Deze rossig-donkere ale werd midden negentiende eeuw al gebrouwen en moest toen 21 jaar rijpen, om vervolgens in een keer opgedronken te worden als toost op het House of Levens. Dit bier wordt gebrouwen met gember en andere specerijen. Een droge kruidige smaak met een vaag floraal, geparfumeerd accent.
Land: Engeland
Alc.: 5,5%; serveertemp.: 13 °C

🏴󠁧󠁢󠁳󠁣󠁴󠁿 Innis & Gunn Oak Aged Beer

De goudoranje kleur van dit bier verdeelt de drinkers. Degenen die dit bier haten klagen over het gebrek aan biersmaak en de zoetheid. De liefhebbers waarderen het ongewone mengsel van citrus-, eik-, honing-, vanille- en kokosaroma's en -smaken. De laatste tijd lijken de nieuwe partijen droger te zijn.
Land: Schotland
Alc.: 6,6%; serveertemp.: 7-10 °C

🏴󠁧󠁢󠁥󠁮󠁧󠁿 Nethergate Augustinian Ale

Een ongewone Engelse ale in abdijstijl die licht mistig is en amberoranje van kleur. In de neus zachte nootachtige mout en wat pittige kruiden van de hop. Rijk, lichtzoet en enigszins olieachtig van smaak, met veel specerijen (koriander). Een lange afdronk met veel smaak van korianderzaad.
Land: Engeland
Alc.: 5,2%; serveertemp.: 10-13 °C

🏴󠁧󠁢󠁥󠁮󠁧󠁿 Greene King Morland Old Crafty Hen

Een mengsel van Old Speckled Hen en Old 5X, een bier dat onderdeel uitmaakt van Greene King Strong Suffolk Vintage Ale (zie blz. 228). Het klassieke moutachtige Green Kingaroma (zuurtjes) leidt naar een geronde, robuuste en harsachtige smaak. In de afdronk is wat eikachtige droogte.
Land: Engeland
Alc.: 6,5%; serveertemp.: 10-13 °C

curiositeiten & specialiteiten

schotse geheimen

Dit is wat je noemt een ongewone collectie bieren, maar het voelt oneerbiedig om de sterke Skull Splitter bij andere Schotse bieren in te delen. Dit bier hoort op een voetstuk geplaatst en aanbeden te worden als voorbeeld voor deze stijl. De drie bieren van de gebroeders Williams vormen, samen met de gekruide bieren in de vorige paragraaf, een tegenstelling waarvan we allemaal kunnen genieten. De ingrediënten klinken vreemd, maar het eindresultaat is erg aangenaam.

De in de getijdenpoelen verzamelde kelp is een ongebruikelijke innovatie door de gebroeders Williams.

🏴󠁧󠁢󠁳󠁣󠁴󠁿 Orkney Skull Splitter

In de neus van dit klassieke zware bier is veel moutachtig fruit: gele rozijnen, kersen en dadels samen met wat koekkruiden. Het bier is zoet en zijdeachtig in de mond met een heerlijk uitgebalanceerde fruitigheid en een lange, blijvend fruitige afdronk. Heerlijk met gerijpte harde kazen.

Serveren bij: de baas van de brouwerij beveelt paté, rood vlees en sterke kaassoorten aan
Land: Schotland
Alc.: 8,5%; serveertemp.: 13-16 °C

🏴󠁧󠁢󠁳󠁣󠁴󠁿 Williams Bros. Kelpie

In de kustprovinciën wordt zeewier als meststof gebruikt. Historisch gezien heeft gerst verbouwd op velden die zo bemest worden een unieke smaak. In een poging deze smaak te herscheppen voegen de gebroeders Williams zeewier toe aan de brouwketel. Het resultaat is een rijke, donkere ale met een volle, aardse smaak.
Land: Schotland
Alc.: 5%; serveertemp.: 7-10 °C

🏴󠁧󠁢󠁳󠁣󠁴󠁿 Williams Bros. Alba

Als sommige Amerikaanse hopsoorten een toets van dennenhars geven, dan kan dat ook andersom. Dit werkt verbazingwekkend goed, zoals blijkt uit dit ongehopte bier dat zijn zachte, harsachtige bitterheid uit de twijgjes van spar en witte den (*Pinus alba*) haalt. De harsachtige toets valt vooral op in de afdronk. Bijzonder.
Land: Schotland
Alc.: 7,5%; serveertemp.: 13 °C

🏴󠁧󠁢󠁳󠁣󠁴󠁿 Williams Bros. Fraoch

'Sinds 2000 v.Chr. gebrouwen in Schotland,' zegt het etiket. Gelukkig is de brouwerijhygiëne in die vierduizend jaar enigszins verbeterd. In Fraoch (Gaelic voor 'heide') worden heidebloemen en de gagelplant meegetrokken. Het bier heeft een zachte geparfumeerde boventoon en een droge lichtbittere afdronk.
Land: Schotland
Alc.: 5%; serveertemp.: 13 °C

🇺🇸 Genesee Cream Ale

Dit bier roept herinneringen bij mij op: begin jaren negentig dronk ik het in New York uit het vat in glazen van een dollar per stuk. Het zal niet verbazen dat het niet meer smaakt naar de toenmalige vrijheid en het goede leven. Een zacht toffeeachtig aroma, lichtzoet en een citroenachtige smaak. Een vaag nootachtige afdronk.
Land: Verenigde Staten
Alc.: 5,1%; serveertemp.: 4-7 °C

curiositeiten & specialiteiten

amerikaanse geheimen

Anchor Steam is een miskend boegbeeld onder de Amerikaanse ambachtelijke brouwerijen. Onder leiding van eigenaar Fritz Maytag startte ze eind jaren zestig de omwenteling naar ambachtelijk brouwen. De zachte geronde California Commonstijl is het gevolg van vergisting met een lagergist op hoge temperaturen. Natuurlijk heeft de tijd sindsdien niet stilgestaan. Aan het andere uiterste vinden we het intense harsachtige karakter van de 'natte hop'-ale, gebrouwen met ongedroogde hop die vers van het land komt. Deze stijl is kenmerkend voor de huidige ambachtelijke brouwerij in de Verenigde Staten.

Installaties van brouwerij Anchor in San Francisco. Steambeer (stoombier), dat in het westen van de VS tijdens de goldrush werd ontwikkeld, is het enige echt inheemse bier in de VS.

🇺🇸 Anchor Brewing Steam Beer

Stoombier is een hybride; het bier wordt op een hogere temperatuur (namelijk die voor ale) vergist dan gebruikelijk met lagergist. Het ontstane koperoranjekleurige bier heeft een heerlijk sinaasappelhopkarakter met wat toffee en butterscotch in de ontwikkeling en een zoete marmeladeachtige afdronk. Een bescheiden klassieker.

Serveren bij: een Amerikaanse klassieker, zoals ham op roggebrood met mosterd
Land: Verenigde Staten
Alc.: 4,8%; serveertemp.: 9-12 °C

🇺🇸 Flying Dog Old Scratch Amber Lager

Dit koperkleurige bier is meer een hybridebier dan een volbloedlager. Het heeft een aroma van florale hop, karamel en butterscotch (teken van een hogere vergistingstemperatuur). Florale hop en toast met marmelade komen terug in de afdronk. Een toegankelijk Californisch bier.
Land: Verenigde Staten
Alc.: 5,3%; serveertemp.: 9-12 °C

🇺🇸 Sierra Nevada Harvest Ale

Gebrouwen met ongedroogde hop, waardoor deze bijna volmaakte pale ale een aards, harsachtig karakter krijgt. Het resultaat is het type geronde bitterzoete symfonie waar bierliefhebbers van dromen, vol met jam en krachtige hop. De moeite waard om naar op zoek te gaan.
Land: Verenigde Staten
Alc.: 6,7%; serveertemp.: 9-12 °C

🇺🇸 Port Brewing High Tide

Heerlijke harsachtige hoparoma's stijgen op uit het glas en raken uw reukorgaan met dennennaalden, zoete sinaasappel, grapefruit en een koppig floraal karakter. Behoorlijk stevig maar goed in balans. In de afdronk bouwt zich een krachtige pittige bitterheid op; met grapefruit, mandarijn en dennenhars in de nasmaak.
Land: Verenigde Staten
Alc.: 6,5%; serveertemp.: 9-12 °C

➕ Thornbridge Halcyon

Dit licht mistige perzikkleurige bier heeft een grote hardnekkige schuimkraag. Een intens fruitig aroma: sinaasappelvlies, mandarijn, rijpe honingmeloen en peperige hoptoetsen. De smaak is middelzoet en de fruitigheid loopt door tot in de afdronk, waarin meer meloen, peper en sinaasappeltoetsen. Intens en indrukwekkend fris.
Land: Engeland
Alc.: 7,7%; serveertemp.: 10-13 °C

curiositeiten & specialiteiten

zwaar goudkleurig bier

Dit is een enigszins vreemde groep bieren, maar de zwaarste drie zijn hier het duidelijkste voorbeeld. Deus, in zijn champagnefles en zijn bijbehorende flutes, is populair in de betere restaurants. Als er immers een bierkaart wordt samengesteld, is het belangrijk om er wat bijzondere geslaagde bieren op te zetten. De twee minder zware bieren ('minder zwaar' is hier erg betrekkelijk) zijn persoonlijke favorieten; het zijn noch de zeldzaamste noch de zwaarste bieren ter wereld, maar ze hebben veel karakter en kosten geen fortuin.

De imkerij wordt al bijna 5000 jaar beoefend. Soms wordt vroeg in het brouwproces wat honing toegevoegd; dat geeft een licht, geparfumeerd accent en niet per se een sterk zoet effect.

🇧🇪 Bosteels Deus Brut Des Flandres

Deus is een levendig, goudkleurig bier met een duidelijk karakter van lichtgekleurde steenvruchten (abrikoos en perzik) en een uitzonderlijke intensiteit. Gerijpt in ondergrondse gewelven en ontworpen om ijskoud in champagneflutes te worden geserveerd. Een overtuigende gooi naar een luxueuze cuvée.

Serveren bij: borrelhapjes als crostini met geitenkaas, zwarte olijven, toast met ansjovis, gepeperde makreel
Land: België
Alc.: 11,5%; serveertemp.: 3-6 °C

🇫🇷 Grain D'orge Belzebuth

Een bier met een dergelijk hoog alcoholpercentage zou eigenlijk een ruige, kleverige puinhoop moeten zijn, maar dat is het allerminst. In de neus een peperige vleug alcohol, in de smaak een bijna mentholachtig verfrissend karakter. Een verrassend droge afdronk met een licht bittertje en de verwachte warmte.
Land: Frankrijk
Alc.: 13%; serveertemp.: 9-12 °C

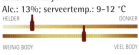

🇧🇪 Lefebvre Barbar

Een heerlijk voorbeeld van een honingbier. Het is traditioneel om honing als bron van vergistbare suiker te gebruiken; het florale karakter van de honing is onmiskenbaar in de neus van dit lichtgouden bier. Er blijft wat zoetheid achter in de smaak, maar die is totaal niet weeïg. In de afdronk keert de florale toets terug.
Land: België
Alc.: 8%; serveertemp.: 9-12 °C

🇫🇷 Gayant La Biere Du Demon

Het etiket zegt: '12 gradaties van duivels genoegen'. Aan het koppige aroma van lichtgekleurde mout en alcohol is duidelijk een zwaar bier herkenbaar. Een zoete, ietwat kleverige smaak en een verwarmende afdronk (die bijna verdovend voelt, zoals een borrel).
Land: Frankrijk
Alc.: 12%; serveertemp.: 9-12 °C

🇫🇷 St Sylvestre 3 Monts

Een aantrekkelijk, pittig voorbeeld van deze stijl. Dit goudkleurige bier heeft zowel kracht als balans in het aroma: veel mout, hop en een beetje alcohol. De smaak heeft wat zoetheid, maar ook een stevige hopaanwezigheid die samen met de alcohol een pittige, gepeperde afdronk geeft.
Land: Frankrijk
Alc.: 8,5%; serveertemp.: 9-12 °C

curiositeiten & specialiteiten

erg zwaar bier

Een beetje simpel, maar eigenlijk zegt de titel alles. De bieren op de volgende bladzijde behoren tot de sterkste in dit boek (en de hele wereld). Ze bevatten niet alleen veel alcohol, maar ook veel smaak. Er bestaan zwaardere bieren dan de vatgerijpte Pannepot Grand Reserva, maar die bevatten zo'n uitbarsting van intense fruitsmaken dat het bijna geen bier meer is. Eigenlijk geldt dat voor alle bieren die hier worden gepresenteerd: ze lopen tegen de grenzen aan van wat bier is.

Antieke bierfusten op een hooiwagen voor een traditionele brouwerij.

🇺🇸 Samuel Adams Utopias

Donker amberkleurig bier zonder koolzuur. Een krachtig aroma van sherry en bourbon (Utopias rijpt in meerdere vaten), sinaasappels, karamel, hout en ahornsiroop. Bij de aanzet intens zoet met wat alcoholhitte en een overvloed aan gerstewijn, sherry en bourbon. Een koploper inderdaad, maar is het nog wel een bier?

Serveren bij: likeurbonbons en een rustig dutje in een schemerige kamer
Land: Verenigde Staten
Alc.: 27%; serveertemp.: 13-16 °C

🇩🇰 Mikkeller Black

Zodra het over extreem bier gaat, vraagt men zich af waar het allemaal naartoe gaat. Deze richting is even goed als elke andere. Pikzwart, olieachtig, barstensvol gebrande koffie, gedroogd fruit en wat zoete sherryaroma's. Intense chocolade-espresso met wat hop en verwarmende alcohol. Aangenaam ongewoon.
Land: Denemarken
Alc.: 17,5%; serveertemp.: 10-13 °C

🇩🇪 Schneider Aventinus Weizen-Eisbock

Dit bier wordt gemaakt door een partij Aventinus te vriesdrogen; dit is het uiterste op het gebied van tarwebier. Een troebel donker bier barstensvol aroma's van karamel, toffee, butterscotch en overrijpe banaan. Een smaakexplosie van kaneel, vijgen, brandy, zwarte peper en marsepein.
Land: Duitsland
Alc.: 12%; serveertemp.: 9-12 °C

🇦🇹 Schloss Eggenberg Samichlaus

Dit koper-taankleurige bier wordt elk jaar op 6 december gebrouwen en moet dan een jaar rijpen. Een krachtig koppig aroma van sultanarozijnen en sherry stijgt op uit het glas. Serveer dit stevige, zoete en verwarmende bier bij voorkeur in een cognacglas. Heerlijk met een plakje kersttulband.
Land: Oostenrijk
Alc.: 14%; serveertemp.: 13-16 °C

🇧🇪 Struise Pannepot Grand Reserva 2005

Rondom deze op het vat gerijpte versie van Pannepot is veel te doen – en terecht. Vijgen, pruimen en zwarte kersen in het aroma; de smaak zit barstensvol deze vruchten met bovendien wat koekkruiden. De afdronk droogt een beetje maar is intens, wijnachtig en hardnekkig. Ongelooflijk!
Land: België
Alc.: 10%; serveertemp.: 10-13 °C

curiositeiten & specialiteiten

register

A

Aanzet(ten) 12
Abbaye Des Rocs Blanche Des Honnelles 143
abdij blond 198-199
abdijbier & trappistendubbel 208-213
abdijbier & trappistentripel 200-206
abdijbieren 167, 197-219, 211, 212
AB-Inbev 141
AB-Inbev Staropramen 63
AB-Inbev Stella Artois 76
Achelbrouwerij 197
Achelse Kluis Achel Blonde 206
Achelse Kluis Achel Brune 213
Achouffe La Chouffe 168, 169
Acorn Barnsley Bitter 108
Adams, Samuel 90
adjunct 12
Adnams 226
Adnams Broadside 227
afdronk 12
Alaskan Smoked Porter 269
alcoholpercentage 12
ale 12
ale uit het vat 130
Alhambra 1925 Reserve 72
Alhambra Negra 94
altbier 34, 260, 262
Alvinne Podge Belgian Imperial Stout 245
Alvinne Podge, Belgian Beer Tours 245
Alvinne Tripel 205
ambachtelijk brouwen 12
Amerikaanse geheimen 274-275
Amerikaanse pale ale 180-181
Anchor Brewing 234
Anchor Brewing Liberty Ale 132
Anchor Brewing Old Foghorn 226, 227

Anchor Brewing Porter 239
Anchor Brewing Steam Beer 275
Anchor Old Foghorn 45
Anchor Steam 32-34, 274
Anchor Tavern, Londen 244
Anchorbrouwerij, San Francisco 274
Andechs Doppelbock Dunkel 98
Andechs Spezial Hell 84, 85
Andechsbrouwerij 264
Arioli, Agostino 164
aroma 54
aromahop 12, 39
Asahi Black 94
Asahi Dry 79
Asahigebouw, Tokio 95
Asia Pacific Tiger 80, 81
Asia Pacific Tui East India Pale Ale 184
Atlas Latitude Highland Pilsner 129
Atlas Three Sisters 139
Ayinger Celebrator Doppelbock 98
Ayinger Weizen Bock 151

B

Babylon 6
Badger Tanglefoot 130
Ballast Point Black Marlin Porter 239
Ballast Pointbrouwerij 238
barley wine 221, 222-225, 226
Bateman Salem Porter 236
Bateman Victory Ale 114
Batemans XXXB 107
Bavik Petrus Oud Bruin 155
België 34, 57, 142, 153, 158, 167-177, 170
Belgische ales 170-171 zwaar 172-173, 266
Belhaven Twisted Thistle 188
Bells Two Hearted Ale 191
Bernard Kvasnicove Svetly Lezak 83

beslagkuip 13
bier
  bewaren 49
  kiezen 45-46, 49
  kopen 46
  serveren 49-50
biergarten, Duitsland 148
bierkroes, Duits traditioneel 77
Birrificio Italiano 164
Birrificio Italiano Amber Shock 97
Birrificio Italiano Bibock 97
Birrificio Italiano Cassissona 165
Birrificio Italiano Scires 165
Birrificio Italiano Tipopils 68, 69
bitter 102-109
bitterhop 13, 37
Black Diamond Amber Ale 104
Black Sheep Bitter Ale 108
Black Sheep Riggwelter 132
Black Sheep Yorkshire Square Ale 135
Blueford Bitter 103
bock en doppelbock 84, 90, 96-98
body 13
Bohemia Regent President 87
Bohemia Regent Tmavy 93
Bolten Alt 262
Bolten Ur-Alt 262
Bolten Ur-Weizen 145
Boon Gueuze 160
Bosteels Deus Brut Des Flandres 276, 277
Bosteels Kwak 172, 173
Bosteels Tripel Karmeliet 202
bovengistende gist 13
Box Steam Brewery Dark & Handsome 227
Brains Dark 114
Brains SA Gold 119
Brakspear Bitter 107
Brakspear Triple 231

Brakspearbrouwerij 230
Brasserie Dupont Avec Les Bons Voeux 169
Brasserie Dupont Saison Dupont 169
Brauerei Hirt Hirter Privat Pils 64
brettanomyces 13
Brettanomyces bruxellensis 13, 32, 34
BrewDog Paradox Imperial Stout 246
BrewDog Punk IPA 188
BrewDog Rip Tide Stout 249
BrewDog Trashy Blonde 126
BrewDog Zeitgeist 94
Bridge of Allan Glencoe Wild Oat Stout 257
Bridge of Allan Tullibardine 1488 Whisky Ale 265
Brits bier 101-139
Brooklyn Black Chocolate Stout 246
Brooklyn Brown Ale 111
Brooklyn Lager 89
Brooklyn Local 1 175
brouwerijen 41
  tours en bezoek 40
brouwketel 13, 26
brouwproces 6, 27, 37-39
brown ale 57, 110-111
Brugge
  Café Vlissinghe 175
  De Gouden Boon 177
  stadhuis 154
Brussel 153, 158, 266
  Grand' Place 198
Budweiser Budvar 64
Budweiser Budvar Dark 94
Burton Bridge Brewery Bramble Stout 252
Burton Bridge Brewery Empire Pale Ale 187
Burton Bridge Brewery Porter 236
Burton, water 22

C

Cail, Stuart 125
Cairngorm Trade Winds 119
Caledonian Deuchars IPA 129
California Commonstijl 32, 272, 274
CAMRA (Campaign for Real Ale) 13, 49, 128, 131
Cantillon Gueuze 158, 160
Cantillonbrouwerij, logo 162
Caracole Nostradamus 169
Caracole Saxo 175
carboniseren 13
Carlsberg Carnegie Stark Porter 236
Carlton & United Victoria Bitter 76
cascadehop 31
Celis, Pierre 141
Celis White 141
Cerveceria Mexicana Red Pig Mexican Ale 184
Chang Export 81
Chimay Blauw 217
Chimay Rood 215
Chimay Tripel 206
Chimay Wit 206
Chimaybrouwerij 197
Chinook 31
chocolademout 247
kerstbier 259, 266-267
Christoffel Blonde 68, 69
Christoffel Robertus 89
citrusvlies 14
civetkat 14
clandestiene cafés 193
Coney Island, Brooklyn, New York 88
Coniston Bluebird 103
Coniston Bluebird XB 103
Cooper's Best Extra Stout 251
Cooper's Dark 231
Cooper's Pale Ale 123
Cooper's Sparkling Ale 123
Cooper's Vintage Ale 136
Coors Kasteel Cru 82, 83
Copper Dragon Golden Pippin 129
Coreff Ambrée 131
Cornell, Martyn 179
Cornish Gold malt 132
Cropton Balmy Mild 117
Cropton Blackout Porter 235
Crouch Vale Brewer's Gold 126
curiositeiten & specialiteiten 259-279

D

Daleside Blonde 125
Daleside Morocco Ale 270, 271
Daleside Ripon Jewel 132
Dark Star Espresso Stout 255
Dark Star Hophead 126
Dark Star Saison 169
De Dolle Brouwers Arabier 176
De Dolle Brouwers Extra Stout 249
De Dolle Brouwers Stille Nacht 267
De Halve Maan Brugse Zot 199
De Halve Maan Brugse Zot Dubbel 209
De Koninck De Koninck 170, 171
De Molen Tsarina Esra Imperial Porter 240, 241
De Ranke XX Bitter 170, 171
De Struise & Mikkeller Elliot Brew 206
Delhi, Red Fort 185
Dent T'owd Tup 228
Deschutes Black Butte Porter 236
Deschutes Inversion IPA 192
Deschutes Mirror Pond Pale Ale 181
Deschutes Obsidian 252
Deschutes The Dissident 155
Deschutes Twilight Ale 184
Desnoes & Geddes Dragon Stout 256, 257
Dinkelacker-Schwaben Das Schwarze 93
Dinkelacker-Schwaben Märzen 87
Dinkelacker-Schwaben Meister Pils 63
Dinkelacker-Schwaben Privat 85
Dogfish Head 60 Minute IPA 191
Dogfish Head Indian Brown Ale 111
Dom Kölsch 261
doordrinkbaarheid 14
doordrinkbier 14, 124-129
doppelbock 84, 90, 98
double/imperial 194-195
Dreher, Anton 88
Du Bocq Corsendonk Agnus-Tripel 201
Du Bocq Corsendonk Christmas 267
Du Bocq Corsendonk Pater-Dubbel 209
Dubuisson Bush 173
Duchy Originals Organic Ale 135
Duchy Originals Winter Ale 135
Duitsland 27, 144
Durham Cloister 119
Durham Evensong 131
Düsseldorf 260

E

East Kent Golding 31, 224
eesten 14
eesthuis 30-31
Egypte 6
Einbeck, Duitsland 96
Elland Beyond the Pale 125
Ellezelloise Hercule Stout 249
Ellezelloise Saisis 143
Ename Blonde 199
Ename Dubbel 209
Erdinger Pikantus 151
Erdinger Schneeweisse 145
Erdinger Weissbier 146
Erdinger Weissbier Dunkel 149
erg zwaar bier 278-279
ester 14
Exmoor Ales Exmoor Gold 118, 119
extra special bitter (ESB) 112-115
extreem bier 14

F

Faversham, Kent, hopfestival, moriskendans 121
Feierlingbrouwerij, Freiburg, Duitsland 38
Felinfoel Double Dragon 108
Firestone Walker 181
First Goldhop 103
flessendoppen 172
Flying Dog Brewery 225
Flying Dog Doggie Style Classic Pale Ale 181
Flying Dog Gonzo Imperial Porter 240, 241
Flying Dog Horn Dog 224
Flying Dog Old Scratch Amber Lager 275
Flying Dog Snake Dog IPA 192
Franken 27, 263
Frankenheim Alt 262
Frederick, Maryland 225
Freedom Organic Dark Lager 89
Freising Huber Weisses Original 149
Freistädterbrouwerij, Oostenrijk 26
Fuggles 31
Fuller's Brewer's Reserve No. 1 265
Fuller's ESB 112, 113
Fuller's Gale's Prize Old Ale 228
Fuller's Vintage Ale 223
Furstenberg Export 67

G

Gaffel Kölsch 261
Gayant La Biere du Demon 277
GBBF 14
gekruid bier 270-271
Genesee Cream Ale 273
gerst 15, 21, 23, 24-27
gerst roosteren 208, 234
Gilbert, John 120
Girardian Faro 1882 163
Girardin Gueuze Black Label 1882 160
gist 32-35, 36, 39, 190
bovengistende 13, 101
ondergistende 17, 61

register 281

wilde 19, 153, 221
gist op fles 13
glas
  kantelen 142
  vorm van 50, 53, 167
goed gehopte doordrinkbieren 124-129
Golden Promisegerst 24
Goose Island 214
Goose Island Bourbon County Brand Stout 244, 245
Goose Island Honkers Ale 104
Goose Island IPA 187
Goose Island Matilda 215
Gordon Biersch Blonde Bock 97
Gordon Biersch Hefeweizen 149
Gordon Biersch Märzen 87
Gordon Biersch Pilsner 69
Gormley, Antony 104
  Angel of the North 105
Gosser Export 71
goudkleurige ales, zware 174-176, 276-277
Grain D'orge Belzebuth 277
Grand Teton Bitch Creek ESB 114
Great British Beer Festival (GBBF) 14, 116, 129
Great Divide Titan IPA 195
Great Divide Yeti Imperial Stout 246
Greene King Morland Old Crafty Hen 270, 271
Greene King Strong Suffolk Vintage Ale 228
Greene King XX Mild 117
Grimbergen Blonde 199
Grimbergen Cuvée De L'Ermitage 170, 171
Grimbergen Optimo Bruno 219
Grolsch Grolsch Premium 76
Grolsch Weizen 146
gueuze 153
Guinness 57, 233
  brouwerij 256
  vat 257
Guinness Special Export 251

H

Haandbryggeriet IPA 183
Haandbryggeriet Norwegian Wood 271
Haandbryggeriet Porter 241
Hacker-Pschorr Hefe-Weisse 149
Hacker-Pschorr Münchner Gold 76
Hacker-Pschorr Oktoberfest Märzen 87
Hacker-Pschorr Superior Festbier 85
Hahn Premium 71
Hall & Woodhouse Badger First Gold 103
Hall & Woodhouse Badger Tanglefoot 132
Hallertauvallei, Duitsland 29, 31, 61
Hambleton Nightmare Stout 251
Hanssens Oude Kriek 159
Harpoon Brewery, Boston 189
Harpoon IPA 188
Hartwall Lapin Kulta 79
Harvey's Sussex Best 103
Harviestoun Bitter & Twisted 125
Harviestoun Ola Dubh 12yr Old 265
Harviestoun Ola Dubh 30yr Old 265
heide 273
Heineken Export 71
Heineken Krusovice Imperial 64
Heineken Zagorka Special 75
Heller-Trum Schlenkerla Rauchbier Märzen 269
Heller-Trum Schlenkerla Rauchbier Urbock 259, 269
Heller-Trumbrouwerij 259, 268
helles en helles bock 84-85
Hersbruckerhop 71
Het Anker Gouden Carolus Classic 173
Het Anker Gouden Carolus Tripel 206

High Falls JW Dundee Honey Brown 91
Highland Brewing Orkney Blast 188
Highland Brewing Orkney Porter 241
Hoegaarden Grand Cru 176
Hoegaarden Verboden Vrucht 173
Hoegaarden Wit 143
Hoegaardenbrouwerij 141, 142
Hogs Back A over T 223
Hogs Back Traditional English Ale (TEA) 108
Holden's Black Country Mild 114
honing 276, 277
Hook Norton Double Stout 252
Hook Norton Old Hooky 107
hop 15, 21, 23, 28-31, 37-39, 74, 179
  bitter- 13, 37
  gedroogde 182
  natte 274
Hop Back Entire Stout 252
Hop Back Summer Lightning 118, 120
hopaanplant 263
hopteelt 127, 180
hopzeef 15
Horseshoe Falls, Tasmanië 78
Huyghe Delirium Noel 267
Huyghe Delirium Tremens 175

I

Ichiban Shibori (brouwmethode) 79
Ilkley Moor, Yorkshire 109
imkerij 276
India Pale Ale (IPA) 57, 179-192
ingrediënten 13-35, 37
Innis & Gunn Oak Aged Beer 270, 271
Isle of Skye Black Cuillin 139
Isle of Skye Hebridean Bold 123

J

Jackson, Michael 15
James Boag's Premium 79
jeneverbessen 270
Jever Dark 93
Jever Pilsner 45, 63
John Martin Gordon Xmas 267
JW Lees Harvest Ale 224
JW Lees Moonraker 223

K

Kaltenberg König Ludwig Dunkel 93
kater 15
kaviaar 248
Kelham Island Brooklyn Smoked Porter 243
kelp 272
Keo Keo 83
ketel 15
Keulen 260
Kirin Ichiban 79
klaren 37
klaringskuipfiltratie 15
kleur van bier 46, 53, 55, 197
koffiebonen 254
kölsch 34, 260, 261-262
Kootenai River Valley, Idaho 180
koperen beslagkuip 70
Köstritzer Schwarzbier 93
Krakus Zywiec 75
kriek 57
Krönleins Crocodile 72
Kross Pilsner 72
Kulmbacher Monchshof Landbier 67
Küppers Kölsch 261
kwaliteitscontrole 118

L

La Trappe Blond 201
La Trappe Dubbel 213
La Trappe Quadrupel 219
La Trappe Tripel 202
La Trappebrouwerij 197
lagerbier 15, 32, 34, 61-99, 101

Aziatisch 80-81
donker 90
gist 32
goudkleurig 61, 62
overige 90-91
pilsenerstijl 70-79
temperatuur 51
Viennastijl 27, 88-89, 90
zwart 61, 90, 92-95
lageren op vat 16
lagergist 32
lambiek 34, 83, 153, 158-163, 161, 221, 233
Lao Brewery Beer Lao 81
Le Coq, Albert 244
Lebkuchenherzen 86
Leeds Midnight Bell 117
Lefebvre Barbar 277
Leffe Blonde 198, 199
Leffe Brune 210
Leffe Radieuse 210
Leffe Triple 202
Leffebrouwerij 203
Leuven, België 203
levend bier 16, 49
Liefmans Frambozen 156
Liefmans Goudenband 155
Liefmans Kriek 45, 156
Lindeboom Pilsener 71
Lindemans Gueuze Cuvée René 163
Lindemans Pecheresse 154, 156
Lindemansbrouwerij, België 157
Lion Lion Stout 249
liquor 16
Little Creatures Pale Ale 184
Londen, water 22
Luitpold, Prince of Bavaria 93

M

macro 16
Madonna 108
Magic Hat #9 165
Mahou Cinco Estrellas 79
Maibock 136
maisch 16, 37
Maisel's Dunkel 149

Maisel's Weisse 146
Malzmühle Kölsch 262
Maris Ottergerst 24
Marston's Owd Rodger 231
Marston's Pedigree 107
märzenbier 86-87, 88
  zie ook Oktoberfest
Maytag, Fritz 274
McEwans Champion 139
Meantime IPA 187
Meantime London Porter 235
Meantime Wintertime Welcome 269
Meuxbrouwerij, Londen 233
Mikkeller 214
Mikkeller All Others Pale 192
Mikkeller Beer Geek Breakfast Pooh Coffee Cask Festival Edition 255
Mikkeller Beer Geek Breakfast 'Weasel' 255
Mikkeller Black 279
Mikkeller It's Alive! 215
mild 116-117
mistig 16
Modelo Negra Modelo 89
mondgevoel 16
Monteith's New Zealand Lager 75
Moorhouse's Black Cat 45, 117
Moorhouse's English Owd Ale 231
Moorhouse's Pendle Witches Brew 120
Moortgat Duvel 45, 174, 175, 199
Moortgat Maredsous 10 205
Moortgat Maredsous 6 199
Moortgat Maredsous 8 210
Moritz Moritz 72
mout 16, 21, 24-27, 61, 101, 179
mouter 17
Mt. Shasta Mountain High IPA 191
München 88
muf 17
Mythos Mythos 71

N

natte hop, ale 274
Naylor's Pinnacle Porter 235
Nelson Sauvinhop 123
Nethergate Augustinian Ale 271
Nethergate Old Growler 236
New Glarus Raspberry Tart 156
New Glarus Wisconsin Belgian Red 156
Nieuw-Zeeland 74
Nils Oscar Barley Wine 223
Nils Oscar Imperial Stout 245
Nils Oscar Rökporter 243
Nøgne Ø Imperial Stout 249
Nøgne Ø Porter 234, 239
Nørrebro Bryghus Bombay Pale Ale 187
Nørrebro Bryghusbrouwerij, Kopenhagen 186

O

Oakham JHB 126
Obatzda 144
Obolon Deep Velvet 94
oesters 242
O'Hanlons Port Stout 255
O'Hanlons Thomas Hardy's Ale 45, 224
Okells Smoked Porter 243
Oktoberfest 84, 86, 137
  zie ook märzenbier
Oktoberfestbier 86-87, 88
old ale 221, 226-231, 233
ondergistende gist 17
'on-lagerbier' 82-83
ontwikkeling 17
Orkney Dark Island 139
Orkney Dark Island Reserve 265
Orkneyeilanden 138
Orkney Skull Splitter 138, 272, 273
Orval, abdij 214
Orval Orval 215
Orvalbrouwerij 197
Ossett Treacle Stout 255
Otley O-Ho-Ho 120

Oude Beersel Gueuze Vieille 160
Outlaw Dead or Alive IPA 183
Outlaw Wild Mule 125

P

paddenstoelenrisotto 250
pale ale, Amerikaanse 180-181
pale golden ale 118-123
Palm 170, 177
Palm Brugge Triple 176
Palm Royale 176
Palm Speciale 171
Panimoravintola Huvila ESB 114, 115
Panimoravintola Huvila Porter 239
pasteurisatie 17
Pattinson, Ron 179
Paulaner Hefe-Weissbier 146
Paulaner Original Munchner Hell 85
Paulaner Salvator 98
Pelforth Brune 210
Pennsylvania, USA 68
pepermuntstout 254
Peroni Gran Riserva 97
Peroni Nastro Azzurro 76
Pietra Pietra 72
Pike, The (Brakspear's pub) 230
pilsener 22, 45, 61, 62-67, 66, 101
  'new wave' 68-69
Pilsner Urquellbrouwerij (Tsjechië) 62
PJ Früh Kölsch 261
Plzensky Prazdroj Pilsner Urquell 64
Point Loma, Californië 238
Pollard, Chris 245
Port Brewing High Tide 275
Port Brewing Hop 15 195
Port Brewing Old Viscosity 240, 241
porterbier 233, 234-239, 237
  imperial 240-241
  rook- 242-243

proeven 53-54
pubs, traditionele 133
Purple Moose Snowdonia Ale 129

R
real ale 49
regionale Duitse specialiteiten 260-263
Reinheitsgebot 17
Ridgeway Foreign Export Stout 251
rijping op vat 17
rijpingsgraad 18
rijst 80
Riva Vondel 155
Robinson's Double Hop 113
Robinson's Old Tom 231
Rochefort Rochefort 10 217
Rochefort Rochefort 6 217
Rochefort Rochefort 8 217
Rochefortbrouwerij 197, 216
Rodenbach 158
Rodenbach Grand Cru 159
Rodenbach Rodenbach 159
rogge 194
Rogue Brutal Bitter 113
Rogue Dead Guy Ale 136
Rogue Morimoto Black Obi Soba Ale 131
rookbieren (*Rauchbier*) 27, 259, 268-269
Roosters YPA 126
Rothaus Märzen 87
Rothaus Pils 67
Rothbauer, Volker, *BrauEule* 150
Rudgate Ruby Mild 117
Rusland 244
Russian River 158
Russian River Beatification 160
Russian River Supplication (Batch 003) 159

S
Saazhop 31, 61, 64, 69
Saccharomyces
  S. cerevisae 32
  S. uvarum 32

Saku Porter 234, 235
Saltaire Cascade 188
Saltaire Hazelnut Coffee Porter 242, 243
Samuel Adams Boston Lager 90, 91
Samuel Adams Utopia 279
Samuel Smith's Imperial Stout 45, 244, 245
Samuel Smith's Nut Brown Ale 111
Samuel Smith's Oatmeal Stout 257
Samuel Smith's Pure Brewed Lager 69
Samuel Smith's Taddy Porter 243
Samuel Smith's Yorkshire Stingo 136
Sapporo Premium 75
Savonlinnakasteel, Finland 115
Schloss Eggenberg Samichlaus 279
Schloss Eggenberg Urbock 23° 97
Schlosser Alt 262
Schneider Aventinus 151
Schneider Aventinus Weizen-Eisbock 279
Schneider Schneider & Brooklyner Hopfen-Weisse 151
Schneider Weisse-tarwebier 45, 145
Schönram Festweisse 151
Schönram Original Altbayerisch Dunkel 91
Schönram Pils 63
Schotse ale 101, 138-139
Schotse geheimen 272-273
Schremser Doppelmalz 91
Schremser Roggen Bio Bier 83
schrootsel 18
schuim, hoeveelheid 52
Scottish & Newcastle Newcastle Brown 111
Sedlmayr, Gabriel 88
seizoensbier 168-169, 259

Sharp's Chalky's Bite 120
Sharp's Cornish Coaster 129
Sharp's Massive Ale 224
Shepherd Neame Christmas Ale 267
Shepherd Neame Spitfire 103
Shmaltz Coney Island Lager 89
Shmaltz He'brew Bittersweet Lenny's RIPA 195
Shmaltz He'brew Genesis Ale 181
Shmaltz He'brew Messiah Bold 111
Shongweni Robson's Durban Pale Ale 184
Sierra Nevada Bigfoot 224
Sierra Nevada Harvest Ale 275
Sierra Nevada Pale Ale 181
Sierra Nevada Porter 239
Sierra Nevada Stout 251
Singha Premium 81
Sint Sixtusabdij, Westvleteren 200
Sixpoint Bengal IPA 191
Sixpoint Brownstone 112, 113
smaak 54
Soemerië 6
Southwold, Suffolk 226
Spalthop 31, 61
Speakeasy Big Daddy IPA 192
Speakeasy Double Daddy Imperial IPA 195
Speakeasy Prohibition Ale 113
Speakeasy Untouchable Pale Ale 183
Spezial Rauchbier Märzen 269
spontane vergisting 18
St Austell Admiral's Ale 132
St Austell Proper Job 183
St Austell Tribute 125
St Bernardus 208
St Bernardus Abt 12 219
St Bernardus Pater 6 213
St Bernardus Prior 8 213
St Bernardus Tripel 209
St Peter's Cream Stout 252
St Sylvestre 3 Monts 277

Stammtisch 148
Stein, Rick 120
Stella Artoisbrouwerij 203
sterke ales 130-136
sterkte van bier 46, 197
Stieglbrauerei Stiegl Bier 64
stikstof, op druk brengen met 18
Stone Imperial Russian Stout 246
Stone IPA 191
stout 43, 57, 233, 250-257
  gearomatiseerd 254-255
  haver 256-257
  imperial 244-249
Strubbe Crombe Oud Kriekenbier 159
Struise Pannepot Grand Reserva 2005 278, 279
Sünner Kölsch 261
Svaneke Sejlor Øl 82, 83
Svyturys-Utenos Porteris 235

T
't IJ Columbus 215
't IJ Natte 210
't IJ Scharrel IJwit 143
't IJ Zatte 201
tapbier 18
tarwebier 45, 140, 141-149, 145, 147
tarwebock 150
Taybeh Golden 75
temperatuur 49
Tettnangerhop 31, 61, 63
Theakstons Old Peculier 227
Thornbridge Bracia 135
Thornbridge Halcyon 275
Thornbridge Jaipur 183
Thornbridge Kipling 123
Thornbridge St. Petersburg Imperial Russian Stout 245
Thrale's 244
Timmermans 158
Timmermans Blanche Lambicus 163
Timmermans Faro 163
Timmermans Gueuze Tradition 163
Timothy Taylor Landlord 108

traditioneel gebrouwen bier 18
trappisten- en abdijquadrupel 218-219
trappistenbier 167, 197-219, 214-215
donker 216-217
Traquair House Ale 228
Traquair Jacobite Ale 228
Trunk Vierzehnheiligen Silberbock Hell 85
Tsingtao Tsingtao 81
Tsjechië 22

U

uitspoelen 18, 37
Unibroue La Fin Du Monde 202
Urthel Hibernus Quentum Tripel 205
Urthel Hop-It 176
Urthel Samaranth Quadrupel 219

V

Val-Dieu Triple 205
Van Eecke Poperings Hommel 170, 171
Van Honsebrouck Brigand IPA 187
Van Honsebrouck Kasteel Bruin 173
Van Honsebrouck Kasteel Triple 175
Van Steenberge Augustijn 201
Van Steenberge Augustijn Grand Cru 209
Van Steenberge Celis Wit 143
Van Steenbergebrouwerij 141
vatbier 19, 128
vaten 73, 80, 264, 278
vatflora 19, 153, 265
vatgerijpt bier 259, 264-265
Verenigde Staten 179
hopsoorten 31
vergistbare suiker 19,135
vergisting 19, 32, 39, 61, 135

koud 34
spontaan 19
Verhaeghe Duchesse De Bourgogne 155
Victory Golden Monkey 202
Victory Hop Devil IPA 45, 192
Victory Hop Wallop 195
Victory Prima Pils 69
Vlaamse bruine ale 154-156
Vlaanderen 153
vleespastei 253
vleeswaar, gezouten en gedroogd 268
voedsel, bier en 45, 57-58
vruchtenbieren, andere 164-165

W

Wadworth 6X 107
Warsteiner Premium 67
water 19, 21, 22-23, 23
Weihenstephaner Hefe Weissbier 146
Weihenstephaner Hefe Weissbier Hell 145
Weihenstephaner Korbinian 98
Weihenstephaner Kristall Weissbier 145
weissebier 57, 83, 141, 144–147
weissebock 150
weizenbock 150
Wells & Young's Bombardier 131
Wells & Young's Double Chocolate Stout 255
Wells & Young's Kew Gold 123
Wells, Charles 135
Weltenburger Kloster Asam Bock 98
Weltenburger Kloster Hefe-Weissbier Hell 145
Weltenburger Kloster Winter-Traum 91
Wensleydale Black Dub 257
Westmalle, België brouwerij 197
kasteel 207

Westmalle Dubbel 213
Westmalle Tripel 200, 206
Westvleteren Abt 12 219
Westvleteren Blond 201
Westvleteren Extra 8 217
Westvleterenbrouwerij 197
wild & fruitig 153-165
wilde gist 19, 32, 34, 39
Williams Bros. Alba 273
Williams Bros. Ebulum 165
Williams Bros. Fraoch 273
Williams Bros. Grozet 165
Williams Bros. Kelpie 273
winterwarmers 266
witbier 57, 83, 141, 142-143, 144–147
Wolf Best Bitter 104
Wolf Golden Jackal 119
wolkigheid 141
Woodforde's Head Cracker 223
Woodforde's Norfolk Nog 27
Woodforde's Wherry 104
wort 19, 37-39
Worthington White Shield 136
Wychwood Hobgoblin 131
Wylam Angel 104
Wyndham Arms, Salisbury 120

Y

Young's Special London Ale 135
Youngsbrouwerij 122

Z

Zatecky Pivovar Zatec 63
zeewier 272
zure rode bieren 158-163
zware goudkleurige ales 174-176, 276-277

aanbevolen literatuur

In plaats van een lijst met boeken op het gebied van bier geef ik een overzicht van auteurs van wie ik heb genoten. Het zijn specialisten met een enorme kennis van hun vakgebied, en hun boeken zijn stimulerend en interessant. Velen van hen houden weblogs bij; het is dan ook de moeite waard ze eens op te zoeken op het internet.

Michael Jackson – niet de man 'met de handschoentjes', maar de echte bierkenner
Roger Protz – biergidsen, wereldbieren en een geweldige autobiografie
Jeff Evans – biergidsen, almanakken en feitjes met betrekking tot bier
Ben McFarland – wereldbieren (vooral de westkust van de Verenigde Staten)
Pete Brown – ironisch maatschappelijke en geschiedkundige artikelen over bier
Adrian Tierney-Jones – wereldbieren en biergidsen

Toch heb ik twee boeken gevonden die ik er steeds weer bij pak:

Michael Jackson, *Het complete bierboek*. Voor mij de klassieker over bierstijlen en de bijbehorende cultuur. Lichtvoetig geschreven en doorspekt met droge humor.

Garrett Oliver, *The Brewmaster's Table: Discovering the Pleasures of Real Beer with Real Food*. Het ultieme boek over de combinatie tussen bier en voedsel, en ook als bierboek behoorlijk uitvoerig. Een levendig geschreven werk van de brouwmeester van de Brooklynbrouwerij in New York. Oliver is daarnaast hoofdredacteur van het boek dat belooft het beste naslagwerk op het gebied van bier te worden, *The Oxford Companion to Beer*, dat naar verwachting in 2011 zal verschijnen.

weblinks

www.beeradvocate.com – uitgebreide, in Amerika gevestigde website, die verbonden is aan een tijdschrift
www.ratebeer.com – levendige community waar bieren worden beoordeeld; bevat veel informatie
www.beer-pages.com – Roger Protz' homepage

bierforum.bandmeeting.nl – een forum met betrekking tot bier
www.zythos.be/forum – een virtueel discussiecafé; gespecialiseerd in Belgische bieren

dankwoord

Ik ben veel mensen dank verschuldigd; zonder hen zou dit boek niet half zo interessant zijn. Phil Lowry en www.beermerchants.com waren mij behulpzaam en hielpen mij om zeldzame bieren op te sporen. De sympathieke mensen van Utobeer in de Londense Borough Market hebben mij enorm geholpen, evenals de vriendelijke mensen van Beer Paradise en www.beerritz.co.uk. Geen bierboek is volledig zonder daarin de gevreesde Jeff Pickthall te bedanken – bedankt dus, Jeff. Andreas Fält van Vertical Drinks, de staf van James Clay, Thornbridgebrouwerij, Birrificio Italiano, Bob Pease van de American Brewers Association, Alex Rist die de Duitse telefoontjes voor zijn rekening nam en een hele menigte aan behulpzame mensen die alles lieten vallen om aan mijn verzoeken te voldoen en die ik niet bij naam heb genoemd – bedankt allemaal!

Dit boek zou beslist niet geschreven zijn zonder de hulp van mijn collega's Dan Payne en Will Briggs, die mij hielpen om de winkel in Leeds draaiende te houden, terwijl ik in het kantoortje zat om bier te proeven en aantekeningen te maken – ik hoop dat jullie van het meeproeven hebben genoten. Ik kan u verzekeren dat het zwaarder werk is dan het lijkt.

Verder dank ik alle mensen die mij door de jaren heen hebben bemoedigd en geïnspireerd, in het bijzonder wijlen Michael 'Beer Hunter' Jackson, Roger Protz, Jeff Evans, Garrett Oliver, Adrian Tierney-Jones, Rupert Ponsonby, Graham Holter en het British Guild of Beer Writers (ja, jullie allemaal). Vooral natuurlijk dank aan mijn partner Leeanne, bierkenner tegen wil en dank, en mijn zoon Arlo; ik kijk uit naar de tijd dat we samen een biertje kunnen drinken (zo rond 2025).

fotoverantwoording

Voor de foto's in dit boek heb ik toestemming gekregen van de hieronder vermelde copyrighthouders. Foto's worden op paginavolgorde vermeld. Foto's van flessen en publiciteitsmateriaal worden hier niet vermeld; deze zijn voornamelijk afkomstig van de brouwerijen zelf en met hun toestemming opgenomen. Het copyright van alle andere afbeeldingen en illustraties ligt bij Quintet Publishing Limited. Hoewel geprobeerd is om alle bijdragen te vermelden, verontschuldigt Quintet zich bij dezen voor eventuele fouten en weglatingen. Quintet is meer dan bereid deze in volgende uitgaven recht te zetten.

Afkortingen: b=boven; o=onder; m=midden; l=links; r=rechts

2 Shutterstock; 5b Morris, Steven / Stockfood; 5m, 5o Shutterstock; 7 Benitez, Rodolfo / Stockfood; 8 Morris, Steven / Stockfood; 20b, 20m, 20o Shutterstock; 23 Rees, Peter / Stockfood; 25 Shutterstock; 26 Aktivpihenes & Aktiveurlaubszeit s.r.o. / Stockfood; 29 Shutterstock; 30–31 Shutterstock; 33 Zabert Sandmann Verlag / Stockfood; 35 Heinze, Winfried / Stockfood; 36 Morris, Steven/Stockfood; 38 Meuth, Martina / Stockfood; 41 Shutterstock; 42b, 42m, 42o Shutterstock; 44 Shutterstock; 47 Corbis; 48 Paul Lovichi Photography / Alamy; 51 Shutterstock; 52 Zabert Sandmann Verlag / Stockfood; 55 Zabert Sandmann Verlag / Stockfood; 56 Photolibrary.com; 59 Baxter, Steve / Stockfood; 60b, 60m, 60o Shutterstock; 62 Shutterstock; 65 Shutterstock; 66 Zabert Sandmann Verlag / Stockfood; 68 Shutterstock; 70 Shutterstock; 73 TH Foto / Stockfood; 74 New, Myles / Stockfood; 77 Shutterstock; 78 Shutterstock; 80 Shutterstock; 82 Shutterstock; 84 FoodPhotography / Stockfood; 86 Eckhardt, Sandra / Stockfood; 88 Shutterstock; 90 Shutterstock; 92 Shutterstock; 95 Shutterstock; 96 imagebroker / Alamy; 99 FoodPhotogr. Eising / Stockfood; 100b, 100m, 100o Shutterstock; 102 Shutterstock; 105 Shutterstock; 106 Shutterstock; 109 iStock; 110 Morris, Steven / Stockfood; 112 Shutterstock; 115 Shutterstock; 116 Getty Images; 118 Maximilian Stock Ltd / Stockfood; 121 Shutterstock; 122 LondonPhotos—Homer Sykes / Alamy; 124 Shutterstock; 127 Shutterstock; 128 Shutterstock; 130 Morris, Steven / Stockfood; 133 Adrian Sherratt / Alamy; 134 Shutterstock; 137 Eckhardt, Sandra / Stockfood; 138 Shutterstock; 140o Shutterstock; 140m Z.Sandmann/Walter / Stockfood; 140o Shutterstock; 142 Braun, Stefan / FoodCollection; 144 Bischof, Harry / Stockfood; 147 Shutterstock; 148 Z.Sandmann/Walter / Stockfood; 150 Corbis; 152b, 152m, 152o Shutterstock; 154 Shutterstock; 157 Brouwerij Lindemans; 158 Hemis / Alamy; 161 Miksch, Alison / Stockfood; 162 BigTom / Alamy; 164 Shutterstock; 166b, 166m, 166o Shutterstock; 168 Shutterstock; 170 Shutterstock; 172 Shutterstock; 174 Picture Contact / Alamy; 177 Shutterstock; 178b, 178m, 178o Shutterstock; 180 Mike Shipman / Alamy; 182 Profimedia International s.r.o. / Alamy; 185 Shutterstock; 186 Zak Avery; 189 Shutterstock; 190 Shutterstock; 193 Richard Cummins / Alamy; 194 iStock; 196b, 196m, 196o Shutterstock; 198 Shutterstock; 200 Shutterstock; 203 Shutterstock; 204 Smend, Maja / Stockfood; 207 Shutterstock; 208 Hoff, Dana / Stockfood; 211 Morris, Steven / Stockfood; 212 Shutterstock; 214 Arco Images GmbH / Alamy; 216 Hoff, Dana / Stockfood; 218 Kia Nu / Stockfood; 220b, 220m, 220o Shutterstock; 222 Poplis, Paul / Stockfood; 225 iStock; 226 Shutterstock; 229 Shutterstock; 230 John Ferro Sims / Alamy; 232b, 232m, 232o Shutterstock; 234 Morris, Steven / Stockfood; 237 Morris, Steven / Stockfood; 238 Shutterstock; 240 Arras, K. / Stockfood; 242 Morris, Steven / Stockfood; 244 June Green / Alamy; 247 Hoff, Dana / Stockfood; 248 Lehmann, Herbert / Stockfood; 250 Zouev, Tanya / Stockfood; 253 mediablitzimages (uk) Limited / Alamy; 254 Bäuml, Martin / Stockfood; 256 John Geoghegan / Alamy; 258b, 258m, 258o Shutterstock; 260 Zabert Sandmann Verlag / Stockfood; 263 Meuth, Martina / Stockfood; 264 Zabert Sandmann Verlag / Stockfood; 266 Shutterstock; 268 Visual Photos—Sheffer / Stockfood; 270 Brauner, Michael / Stockfood; 272 Shutterstock; 274 Corbis; 276 Shutterstock; 278 Shutterstock